HÄDECKE

Monika Graff

Pfeffernuss *und Mandelkern*

Das Backbuch für Weihnachten und Advent

Impressum

4 3 2 1 | 2009 2008 2007 2006

www.haedecke-verlag.de

Fotos: **Margarete Janssen, Düsseldorf**
Foodstyling: **Birgit Vitale** und **Margarete Janssen, Düsseldorf**
Gestaltung und Satz:
nett + artig, Julia Graff, Düsseldorf

ISBN-10: 3-7750-0479-3
ISBN-13: 978-3-7750-0479-4

Printed in EU

Abkürzungen, Masse und Gewichte

Msp. – Messerspitze
g – Gramm
kg – Kilogramm
TL – Teelöffel
EL – Esslöffel
P. – Päckchen
1 dl – 1/10 l
2 cl – 1 Schnapsglas
1/8 l – 125 ml
l – Liter
1 Ei (mittlere Größe) – 50–60 Gramm
1 Eiweiß – ca. 30–40 g
1 Würfel Frischhefe – 42 g
1 P. Trockenhefe – 7 g (entspricht 25 g Frischhefe)
1 TL Backpulver – 5 g
1 EL Mehl/Speisestärke – ca. 20 g

Inhalt

Vorwort

Wenn in der Adventszeit geheimnisvoll würziger Kuchenduft durchs Haus zieht, wenn man auf dem Weihnachtsmarkt das köstliche Aroma von Pfefferkuchen und gebrannten Mandeln schnuppert, dann werden die schönsten Kindheitserinnerungen wach: an das Ausschlecken der Teigschüssel, das Probieren eines Teigstückchens von Mutters Backbrett und das verstohlene Naschen köstlicher Lebkuchen, Plätzchen, Guetzli oder Brötchen, die vor Weihnachten – wenn man eigentlich noch nicht darangehen dürfte – immer am besten schmecken.

Es gibt Dinge, die man einfach selber machen muss, die durch fertig Gekauftes – und sei es noch so gut – nicht ersetzt werden können. Dazu gehört das Weihnachtsgebäck. Zum Glück nehmen wir uns trotz Vorweihnachtsrummels und mancher Hektik dennoch dazu die Zeit, sodass sich oft die ganze Familie mit Freude ans Backen macht.
Die Kinder stechen mit Begeisterung die schönsten Formen aus und selbst Väter, die man in der Küche sonst nicht so häufig zu Gesicht bekommt, sollen schon mit Vergnügen die Ärmel hochgekrempelt haben, um mit kräftiger Hand den Stollenteig zu kneten.

Alle Jahre wieder kommen sie auf den Tisch: Omis Zuckerkipferl, Tante Jennys Pfeffernüsse aus Thüringen, der Sächsische Christstollen, dessen Rezept Tante Linchen seinerzeit aus ihrer Heimat mitbrachte und die Basler Leckerli, wie sie eine gute Freundin aus der Schweiz mag. Wir hängen an den alten Rezepten, denen in diesem Buch viel Platz gewidmet ist, aber wir freuen uns auch über neue Rezepte, die uns Backbegeisterte aus ihrem Urlaub mitgebracht haben. Natürlich handelt es sich um eine persönliche Auswahl; es sind »Bestseller«, die sich im Laufe der Jahre in der Familie und im Freundeskreis herausgebildet haben.

Alle diese verschiedenen Arten von Weihnachtsgebäck sind in den folgenden Kapiteln zu finden. Eines davon ist ganz den Kindern gewidmet, die – vielleicht unter Mamas / Papas oder Omis Anleitung – einfache Plätzchen selber backen können.

Eines ist wichtig: rechtzeitig mit dem Backen beginnen und soviel backen, dass der vorweihnachtliche »Schwund« ausgeglichen werden kann. Bei jedem Rezept sind Stückzahlen angegeben. Sie mögen manchem etwas hoch vorkommen. Man sollte Kleingebäck jedoch wirklich klein ausschneiden oder ausstechen – es ist doch schöner, viele verschiedene kleine Plätzchen zu naschen als zwei oder drei Riesenstücke. Jeder wird hier »seine« Größe selbst finden und auch die genauen Backzeiten für »seinen« Herd.

Ich wünsche Ihnen gutes Gelingen und viel Spaß beim Familienbackfest!

Ihre Monika Graff

Warenkunde & Tipps

Anis In der Weihnachtsbäckerei werden ganze Anissamen und Pulver verwendet. Anis hat einen kräftigen süßlich-aromatischen Geschmack, der etwas an Lakritze erinnert.
Gemahlenen Anis rasch verbrauchen.

Aufbewahren Für Gebäck, das knusprig bleiben soll, am besten eine gut verschließbare Blechdose nehmen. Gebäck, das weich werden soll – wie zum Beispiel Lebkuchen – bleibt erst an der Luft liegen, damit es Feuchtigkeit aufnehmen kann, und kommt dann in eine Dose. Ein Stück Apfel oder ein Stück unbehandelte Orangenschale mit in die Dose geben. Nie verschiedene Gebäcksorten in einem Behälter aufbewahren, das Aroma des einzelnen Gebäcks kann sich nicht frei entfalten und die Plätzchen werden entweder alle weich oder alle hart. Eine Lage aus Pergamentpapier oder Alufolie zwischen den einzelnen Gebäcklagen verhindert das Zusammenkleben. Die Dosen an einem kühlen Ort aufbewahren und nach dem Entnehmen einzelner Plätzchen wieder gut verschließen. Großes Gebäck wie Stollen und ähnliches mit Cellophanpapier umwickeln. Das Gebäck trocken und kühl aufbewahren. Man kann Gebäck auch einfrieren, dann aber erst nach dem Auftauen glasieren. Kuchen- und Stollenscheiben können einzeln in Alufolie eingeschlagen eingefroren werden. Gut geeignet zum Einfrieren ist Gebäck aus Hefeteig, Mürbeteig und Rührteig.

Backformen Das Material der Backformen spielt eine Rolle bei der Backzeit und -temperatur: Dunkle Backformen nehmen die Hitze leichter auf – für diese Formen sind niedrigere Temperaturen und kürzere Backzeiten richtig. Bei hellen, blanken Formen sind höhere Temperaturen und längere Backzeiten von Vorteil. Im Zweifelsfall einen Mittelwert der in den Rezepten angegebenen Temperaturen nehmen. Bei Bedarf höher oder niedriger schalten. Eine niedrigere Backtemperatur trägt oftmals zu einem gleichmäßigeren Backergebnis bei.

Backoblaten gibt es in verschiedenen Größen, rund und rechteckig. Sie werden stets auf das ungefettete Blech gelegt. Nach dem Backen den überstehenden Rand abbröseln. Man kann die Oblaten auch mit einem scharfen Messer quer halbieren – dann sind die Rondellen hauchdünn. Das Backgut auf die raue Seite geben und die glänzende Seite aufs Blech legen.

Backtemperaturen siehe Herd.

Back(trenn)papier ist außerordentlich praktisch: Das Backblech braucht nicht eingefettet zu werden, das Gebäck klebt nicht am Blech und das Blech muss nicht abgewaschen werden. Die bezeichnete nicht beschichtete Seite des Papiers wird aufs Blech gelegt; es gibt aber auch Backpapier, das von beiden Seiten verwendet werden kann. Bei Kleingebäck und Plätzchen kann das Backpapier 2- bis 3-mal verwendet werden.

Backöl gibt es in verschiedenen Geschmacksrichtungen: z. B. Zitrone, Anis. Sparsam verwenden, da sehr starkes Aroma!

Backpulver Ein Tütchen wiegt 15 g und ist ausreichend für 500 g Mehl.

Butter Gebäck profitiert vom zarten Buttergeschmack. Frische Land- oder Süßrahmbutter bringt gute Backergebnisse. Bei speziellen Rezepten wird gesalzene Butter verwendet (siehe dort).

Eier Die Mengenangaben dieses Buches beziehen sich auf mittelgroße Eier (53–63 g, Gewichtsklasse M), am besten aus biologischer Freilandhaltung. Die Herkunft der Eier ist durch die Kennzeichnungspflicht erkennbar. Die erste Ziffer auf dem Aufdruck verrät die Art der Haltung (0 = ökolog. Haltung, 1 = Freilandhaltung), die weiteren Ziffern verraten das Herkunftsland (z. B. AT = Österreich, DE = Deutschland) und die Nummer des Erzeugerbetriebs. Viele Glasuren oder Gebäckstücke auf Eischneebasis werden nur im Ofen getrocknet und nicht stark erhitzt, daher auf absolute Frische achten (Güteklasse A)! Um die Frische der Eier – neben dem Mindesthaltbarkeitsdatum auf der Verpackung – zu ermitteln, gibt es zwei Möglichkeiten: Den Schwimmtest (ein frisches Ei bleibt im kalten Wasser auf dem Boden liegen, ältere Eier richten sich wegen der vergrößerten Luftkammer im Ei auf oder kommen sogar an die Oberfläche) oder den Aufschlagtest (frische aufgeschlagene Eier haben einen hochgewölbten Dotter und Eiweiß und Eigelb sind klar voneinander getrennt, bei älteren Eiern ist der Dotter flach und vermischt sich leicht mit dem Eiklar, der mit zunehmendem Alter dünnflüssiger wird).

Einschubhöhe Hohes Backwerk kommt auf die untere Schiene, flaches Gebäck auf die mittlere Schiene, wenn im Rezept nicht ausdrücklich eine andere Einschubhöhe angegeben ist. Beim Umluftbackofen können mehrere Bleche auf einmal in den Backofen geschoben werden.

Eiweiss immer in einem völlig fettfreien Gefäß zu Schnee schlagen. Eiweiß und Eigelb/Dotter müssen dabei sauber getrennt sein. Bei Makronen und Busserln fallen sehr viele Eigelbe an; diese können für Mokkatrüffel oder zum Bestreichen von Buttergebäck und Essigplätzchen verwendet werden.

Fenchel Diese Doldenblütenpflanze, deren Samen das ätherische Fenchelöl enthalten, findet auch in der Weihnachtsbäckerei Verwendung.

Garprobe/Stäbchenprobe Ein trockenes, dünnes Holzstäbchen schräg in das Gebäck stechen. Wenn beim Herausziehen kein Teig daran klebt, ist das Gebäck fertig. Dies verrät auch der »Kuchenduft« und die Bräunung, wenn das gefettete Blech leicht mit Mehl bestäubt ist.

Glasur oder Guss kann mit Lebensmittelfarben oder durch Zusatz von Fruchtsäften eingefärbt werden. Im Handel gibt es auch Fertig-Glasuren. Sie werden im Wasserbad erwärmt und können sofort verarbeitet werden. Immer nur kleine Mengen anrühren, da Glasuren schnell eintrocknen. Glasuren, die nicht richtig decken, mit einem Eiweiß verrühren. Ob der Guss aufs warme oder kalte Gebäck aufgetragen wird, steht in den Rezepten.

Haselnusskerne, die geschält werden sollen, werden einige Minuten auf dem Backblech im heißen Backofen geröstet und noch warm zwischen den Händen gerieben. Ungeschält zu verwendende Haselnüsse werden zuerst verlesen und dann in einem trockenen Tuch gut geschüttelt.

Hefeteig-Tipps Die Hefe sollte absolut frisch sein – bei Trockenbackhefe auf das Verfalldatum achten! Ein Würfel Frischhefe wiegt 42 g und ist ausreichend für 1 kg Mehl; ersatzweise 2 Tütchen – je nach Herstellerangabe – Trockenbackhefe (14 g) verwenden.
Alle Teigzutaten sollten etwa Zimmertemperatur haben und der Arbeitsplatz sollte zugluftfrei sein. Die Hefe stets lauwarm und nicht heiß anrühren – Hitze schadet den Hefepilzen. In milder Wärme können sich die Hefepilze langsam entwickeln – der Teig wird feinporig und besser bekömmlich. Der Vorteig darf nicht direkt mit Fett und Salz in Berührung kommen sonst kann er nicht gehen. Auch bei Hefeteigen, für die kein Zucker vorgesehen ist stets etwas Zucker zum Vorteig geben da dieser am Gärprozess beteiligt ist. Beim Wachsen der Hefepilze wird der Zucker in Alkohol und Kohlensäure aufgespalten und die Kohlensäure lässt den Teig aufgehen. Die Kohlensäurebläschen bewirken beim Backen, dass aus dem festen Teig ein lockerer entsteht; sie entweichen als Gas. Der Alkohol wird beim Backen wieder abgebaut. Die Hefezellen sterben in der Backhitze ab.
Hefeteig in Handarbeit: Solange kneten bis der Teig Blasen zeigt und sich von der Hand oder der Backschüssel löst.
Hefeteig maschinell zubereitet: Alle Zutaten auf einmal in eine Schüssel geben (wichtig: die zerbröckelte Hefe gleichmäßig darüber verteilen) und mit dem Knethaken erst auf niedrigster, dann auf höchster Schaltstufe zusammenarbeiten bis sich der Teig vom Schüsselrand löst.
Die Teigmasse mit etwas Mehl bestäuben, ein Tuch darüber decken und den Teig solange gehen lassen bis er sein Volumen etwa verdoppelt hat, das sind mindestens 30 Minuten. Bei manchen Gebäckstücken muss das fertig geformte Teil ein zweites Mal gehen (siehe Rezepte).

Herd Jeder Herd bäckt anders! Da hilft oft nur ausprobieren und ein Probeplätzchen backen! Die angegebenen Temperaturwerte und Backzeiten sind Richtwerte.
Zudem ist zu beachten, dass Hersteller von Backöfen bis zu 10% Abweichung von der jeweiligen DIN-Norm tolerieren.
Bei vielen Elektroherden kann Ober- und Unterhitze oder Umluft zugeschaltet werden. Bei Umluft stets eine etwas niedrigere Temperatur wählen. Alle Gebäckarten können sowohl in den kalten (Gas-) als auch in den vorgeheizten Backofen geschoben werden. Im kalten Backofen verlängert sich die Backzeit um ca. 10–15 Minuten.

Hirschhornsalz ist Ammoniumkarbonat und wird als Backtreibmittel, besonders in traditionsreichen Rezepten, verwendet.
Faustregel für Flachgebäck: auf 500 g Mehl verwendet man 1 Tütchen (10 g).

Honig ist eine beliebte Zutat in der Weihnachtsbäckerei. Der Honig sollte flüssig sein, dann vermischt er sich besser mit den anderen Zutaten. Unterschiedliche Honigsorten wie Fenchelhonig oder dunkler Tannenhonig geben eine aparte Geschmacksnote. Wer es eher neutral mag, sollte auf Akazien- oder Blütenhonig zurückgreifen.

Ingwer Von der mehrjährigen Pflanze wird der knollig verzweigte Wurzelstock entweder frisch in Stückchen oder aber getrocknet und ungeschält als schwarzer – geschält als weißer Ingwer – sowie gebleicht oder gekalkt, kandiert, in Sirup eingelegt und in Pulverform verwendet.
Der Geschmack von Ingwer variiert von süßlich-mild bis zu scharf-würzig; er sollte sparsam verwendet werden.

Kardamom Die Pflanze gehört zu den Ingwergewächsen. Die getrockneten Fruchtkapseln enthalten die nach Zitrone und Kampfer schmeckenden Samen. Die Samen der zartgrünen Kapseln haben den besten Geschmack. Kardamom wird ganz oder in Pulverform verwendet.

Koriander Die getrockneten Spaltfrüchte der Korianderpflanze (auch als Korianderkörner bezeichnet) mit ihrem süßlich-bitteraromatischem Duft geben u. a. Lebkuchen einen würzigen Geschmack. Gemahlenen Koriander dunkel und trocken aufbewahren.

Kuvertüre Kuvertüre wird in drei verschiedenen Qualitäten angeboten: Vollmilch, Halbbitter und weiß. Sie wird vor allem bei der Pralinen-Herstellung verwendet.
Tipp zur richtigen Zubereitung: Kuvertüre fein hacken. Etwa 3/4 der gehackten Masse in einem Wasserbadtopf oder in einem Kessel über Dampf (Bain-Marie) vollständig auflösen, dann den Rest unterrühren und auflösen. Um zu prüfen ob die Kuvertüre die richtige Temperatur zum Verarbeiten hat, etwas Kuvertüre auf ein Löffelchen geben und an die Lippen führen. Fühlt es sich weder heiß noch kalt an, dann ist die Kuvertüre richtig.

Sternanis
Piment
Zimt
Pistazien
Haselnüsse
Vanille
Rosinen
Kardamom

NELKEN
WALNÜSSE / BAUMNÜSSE
KUVERTÜRE
HONIG
MANDELN
FENCHELSAMEN
ZITRONAT
SAFRAN
KORIANDERKÖRNER

Für mehr Glanz noch etwas Öl oder Kokosfett unterrühren. Krümelt die Kuvertüre war sie entweder zu alt oder sie wurde zu heiß und kann nicht verwendet werden. Gelangt beim Auflösen der Kuvertüre aus Versehen etwas Wasser in die Masse, gerinnt sie. Das Problem kann durch Zugabe von Kokosfett behoben werden; so viel in die warme Masse zugeben bis die Kuvertüre wieder glatt und glänzend ist.

Lebkuchen Bei abgerösteten Lebkuchen (siehe Seite 38 ff.) reißt nach dem Abtrocknen die Oberfläche ungleichmäßig (Trockenzeit mindestens 10 Stunden). Es empfiehlt sich zwei oder drei Lebkuchen zur Probe zu backen. Läuft der Teig von der Backoblate, den Teig noch einen Tag stehen lassen.

Mandeln Ganze Mandeln schälen: mit kochendem Wasser überbrühen, einige Zeit darin stehen lassen, in ein Sieb umgießen, rasch die Haut abziehen, sofort in kaltes Wasser geben und anschließend auf einem Tuch zum Trocknen ausbreiten. Ungeschälte Mandeln verarbeiten: zuerst sorgfältig verlesen, dann mit einem befeuchteten Tuch zwischen den Händen reiben und anschließend auf einem großen Brett zum Trocknen ausbreiten. Danach können sie in Stifte geschnitten bzw. gemahlen oder gerieben werden. Bittere Mandeln finden nur selten und auch nur in geringer Menge Verwendung beim Backen.

Marzipan besteht aus geriebenen Mandeln, Puderzucker und Rosenwasser. Man kann es selbst herstellen, in diesem Buch wird aus Zeitersparnis fertig gekaufte Marzipan-Rohmasse verwendet, z. B. für Bethmännchen und Elisenlebkuchen. Auf beste Qualität achten!

Mehl In diesem Buch wird, wenn nicht anders angegeben, Weizenmehl (Ruchmehl) der Type 405 verwendet. Die Beschaffenheit des Mehls hängt von unterschiedlichen Einflüssen ab: Lage der Weizenfelder, genetische Veränderungen des Korns, Lagerzeit. Oft spielt das Wetter während des Backens auch eine Rolle, deshalb benötigt manchmal der Teig etwas mehr Flüssigkeit oder Fett, bei mancher Wetterlage geht der Hefeteig nur sehr schwer und benötigt mehr Zeit. Je öfter ein Rezept gebacken wird, desto mehr Gefühl entwickelt man für die optimale Zusammensetzung der Teigmasse.

Mehl zum Bestäuben Gewaschene und gut abgetrocknete Rosinen, auch Orangeat und Zitronat, die sich gleichmäßig im Teig verteilen sollen, mit etwas Mehl bestäuben. Zwischen den Händen leicht reiben, überflüssiges Mehl abschütten. Dann Früchte locker unter den fertigen Teig rühren.

Melasse ist die schwarzbraune, nicht mehr kristallisierfähige zähe Masse, die bei der Zuckerkocherei anfällt. Der Sirup hat einen kräftigen Geschmack und ist nicht so süß wie anderer Sirup (in Naturkostläden und im Reformhaus erhältlich).

Muskat kann aus der Muskatnuss und aus der Muskatblüte (Macis) gewonnen werden. Die Nuss ist der Samenkern und die Blüte der getrocknete Samenmantel der Pflanze. Muskatnuss immer frisch nach Bedarf auf der Muskatreibe oder Macis im Mörser pulverisieren, da das Aroma schnell verfliegt. Der Geschmack ist leicht bitter und feurig-aromatisch, wobei der Geschmack der Muskatblüte feiner und ausgeprägter ist.

Naturorange/-zitrone siehe Zitrusfrüchte.

Nelken sind die Blütenknospen des Gewürznelkenbaumes, die kurz vor dem Aufblühen geerntet werden. Sie sind rötlich und nach dem Trocknen dunkelbraun. Nelken werden ganz oder gemahlen verwendet, ihr Geschmack ist brennend-kräftig und scharf; sie sollten in einem gut verschlossenen Glas aufbewahrt werden, um ihr Aroma nicht zu verlieren.

Orangeat wird aus Pomeranzenschale gewonnen, die mit Zucker aufgekocht, also kandiert wird. Die Pomeranze ist eine Bitterorangenart, die unter anderem im Mittelmeergebiet beheimatet ist. Gewürfelt und als Schale erhältlich.

Piment-, Nelken- oder Jamaikapfeffer
Die Beeren des Nelkenpfefferbaumes werden reif, aber noch grün gepflückt. Vollreife Beeren verlieren ihr Aroma. Nach dem Trocknen färben sich die Beeren rotbraun. Für Weihnachtsgebäck wird Piment gemahlen verwendet. Der Geschmack ist nelkenähnlich mit der Schärfe von Pfeffer.

Pistazien Zum Backen werden die kleinen unbehandelten Kerne mit ihrem leicht süßlichen Geschmack verwendet, nicht die gerösteten gesalzenen. Eine sehr gute Sorte kommt aus dem Iran. Rasch verbrauchen, da das enthaltene Pistazienöl schnell ranzig wird.

Pottasche (Kaliumkarbonat) wird als Backtreibmittel für Klein- und Weihnachtsgebäck verwendet. Pottasche muss zuerst in Flüssigkeit aufgelöst werden, ehe sie an den Teig kommt.

Rosenwasser ist in der Apotheke oder in orientalischen und asiatischen Lebensmittelgeschäften erhältlich und wird vor allem in alten Rezepten verwendet: In Flachgebäck, Lebkuchen und für Marzipan.

Rosinen und Sultaninen Um unerwünschte Stiele zu entfernen, ein Tuch leicht mit Mehl bestäuben, die Rosinen darauf geben und zwischen den Händen reiben. Oder entstielen, rasch waschen, ausgebreitet trocknen, kurz vor der Verwendung etwas anwärmen und leicht mit Mehl bestäuben. Das Bemehlen verhindert das Versinken im Teig.

Rum wird aus Zuckerrohr gewonnen und stammt weitgehend aus der Karibik, dem Süden Asiens, von den Philippinen und Madagaskar. Zum Backen wird meist der 54%ige Rum verwendet. Auch hier gilt: gute Qualität wählen.

Safran sind die getrockneten Blütennarben einer Krokuspflanze, die von Hand geerntet werden – daher erklärt sich auch der hohe Preis. Dieser Krokus wird in vielen Ländern angepflanzt (bekannt ist der Safran aus La Mancha/Spanien). Der Geschmack ist intensiv, leicht bitter und hocharomatisch. Kleine Beigaben von Safran sind in Rührkuchen, Hefegebäck und Kleingebäck möglich, Fäden 5 Minuten in heißes Wasser einlegen. »Safran macht den Kuchen gehl«, das heißt gelb, so lautete früher eine Zeile in einem Kinderlied. Bei Safran in Pulverform ist Vorsicht geboten: er könnte verfälscht und gestreckt sein. Stets dunkel und gut verschlossen aufbewahren.

Spritzsack mit verschiedenen Aufsätzen gibt es in Haushaltsgeschäften fertig zu kaufen. Man kann sich aber einen Spritzsack (Dressiersack), in diesem Fall eine Spritztüte, sehr gut selbst machen: Aus Pergamentpapier ein Quadrat schneiden, diagonal zusammenrollen, sodass eine spitze Tüte entsteht. Die Größe der Öffnung am unteren Teil der Tüte richtet sich nach der Art der Verzierung. Am besten ist es mehrere Tüten mit verschieden großen Löchern herzustellen. Zum Einfüllen der Spritzmasse muss man den oberen Rand nach außen umkrempeln, dann läuft nichts daneben. Zum Spritzen müssen die oberen Enden fest zusammengedrückt werden. Noch einfacher ist es, die Spitze einer festen Plastiktüte (z. B. zum Tiefkühlen) in der entsprechend benötigen Größe abzuschneiden und als kleinen Spritzsack-Ersatz zu verwenden.

Stäbchenprobe siehe Garprobe.

Vanille Die Kletterorchidee war eines der Lieblingsgewürze der Azteken. Vanille sind die fast ausgewachsenen, aber noch nicht vollreifen, auf verschiedene Weise weiterbehandelten Kapselfrüchte (auch Stangen und fälschlicherweise Schoten genannt). Das aus den Stangen ausgekratzte Mark hat einen süßlich-würzigen Geschmack. In Pulverform wird Vanille mit Zucker vermischt angeboten. Außerdem gibt es hochkonzentrierte Vanille-Essenz (sparsam verwenden) und Vanille-Extrakt. Künstliche Vanille gibt es seit 1874; allgemein gebräuchlich und preiswert ist der Vanillinzucker, jedoch reicht er geschmacklich nie an echten Vanillezucker mit Bourbonvanille heran (im Naturkostladen und im Reformhaus, teilweise auch im Supermarkt erhältlich). Ausgekratzte Vanillestangen mit feinem Zucker in ein Schraubglas geben und einige Zeit stehen lassen. Dieser aromatisierte Zucker kann zum Beispiel zum Wälzen der Vanillekipferl verwendet werden.

Verzierungen Es gibt eine Vielzahl von Möglichkeiten Gebäck zu verzieren: Mit Glasuren in verschiedenen Farben, Schokoladenüberzug, Rosinen, Sultaninen, klein geschnittenem Orangeat und Zitronat, Geleefrüchten, kandierten Früchten, bunten Schokodragees, Schokoladenplätzchen, Liebesperlen, Schokoladenstreusel, Silberpastillen, Hagelzucker, ausgestochenem Marzipan, Mandeln, Pinienkernen, gehackten Pistazien, Wal-/Baumnüssen, Haselnüssen, halbierten Datteln, Feigenstückchen, Kokosraspeln oder mit der Spritztüte gezeichneten Buchstaben, Figuren, Vignetten etc. Hagelzucker, Rosinen, Sultaninen, Orangeat, Zitronat und alle Arten von Nüssen, Datteln, Feigen und Kokosraspeln können mitgebacken werden.

Walnüsse/Baumnüsse, die noch frisch sind, müssen von dem weißen Häutchen befreit werden, da dieses Bitterstoffe enthält. Übrig gebliebene Walnüsse/Baumnüsse in Alufolie wickeln und an bunten Bändern als Weihnachtsschmuck aufhängen.

Zimt/Kaneel wird aus der Rinde des immergrünen Zimtbaums, ein Lorbeergewächs, durch Trocknung gewonnen.
Beim Ceylonesischen Zimt wird die Innenrinde von der Außenrinde befreit. Nach einer Vorbehandlung trocknet die Rinde an der Sonne – die ursprünglich graubraune bis gelblichgraue Rinde wird gelbbraun. Beim Trocknungsvorgang rollen sich die Rindenstücke beidseitig auf – es entsteht eine Doppelröhre (canella [lat.] = Röhrchen). Bei uns wird meist Ceylon-Zimt in Stangen verwendet, seltener als Pulver. Verantwortlich für den feurigen, süß-brennenden Geschmack sind die ätherischen Öle. Beim chinesischen Zimt, auch Cassia-Zimt genannt, rollt sich die Rinde nur von einer Seite auf. Der Gehalt an ätherischen Ölen ist geringer als beim Ceylon-Zimt, auch der Geschmack ist nicht so fein. Chinesischer Zimt ist meist gemahlen im Handel und wird häufig durch Zugaben von Ceylon-Zimt farblich und geschmacklich aufgebessert.

Zitronat, auch Sukkade genannt, wird aus der noch grünen Fruchtschale der Zedrat-Zitrone (aus dem Mittelmeerraum) hergestellt. Die dicke Schale wird zunächst in Salzwasser eingelegt, dann blanchiert und entsalzt, anschließend mit viel Zucker eingekocht.

Zitrusfrüchte Orangen und Zitronen, deren Schalen zum Backen verwendet werden, dürfen nicht gespritzt sein. Naturbelassene Früchte haben entsprechende Kennzeichnungen an Beuteln und Preisschildern. Im Zweifel immer biologisch angebautes Obst kaufen.

Zucker wird entweder aus Zuckerrüben oder Zuckerrohr gewonnen. Durch verschiedene Trenn- und Reinigungsvorgänge entstehen brauner Zucker, Weißzucker, Raffinade und Doppelraffinade.
Puderzucker für Guss, Glasuren und zum Bestäuben wird aus Raffinade staubfein gemahlen.
Rohzucker ist ungereinigt und braun durch Sirupteilchen, die noch an den Zuckerkristallen hängen. Er wird für Honig- und Lebkuchenteig verwendet.
Wird Zucker mit Hefe verrührt – z.B. beim Vorteig –, so verliert der Zucker seine Süßkraft.
Zucker zum dünnen Faden kochen (z.B. für Glasuren, ab Seite 83): Zucker wird zusammen mit Wasser zu Läuterzucker aufgekocht und einige Minuten strudelnd zum dünnen Faden gekocht: Einige Tropfen dieser Masse zwischen Daumen und Zeigefinger nehmen und durch mehrmaliges Auseinanderziehen prüfen, ob sich ein dünner Faden bildet.

Kleingebäck aus Omis Schatulle

Hagebuttenmakronen

2–3 Eiweiss,
250 g Puderzucker,
1 EL Zitronensaft,
300–350 g geschälte, geriebene Mandeln,
2–3 EL Hagebuttenmark (Hägenmark)

Backtrennpapier

ca. 40–50 Stück
Elektro-Herd 175 °C | Gas-Herd Stufe 1–2 | Umluft-Herd 150 °C
Backzeit: 12–15 Minuten

Die Eiweiß steifschlagen und den Puderzucker und Zitronensaft dazurühren. Weiterrühren bis die Masse sehr steif ist. Zur Verzierung etwa ½ Tasse dieser Schaummasse zurück behalten. Unter die übrige Masse die Mandeln und das Hagebuttenmark mischen. Ein Backblech mit Backpapier belegen und mit Hilfe von zwei befeuchteten Teelöffeln länglich geformte Makronen auf das Blech setzen. In die Oberfläche mit einem in Zucker getauchten schmalen Löffelstiel eine Vertiefung eindrücken, in die etwas Schaummasse gefüllt wird. Die Makronen etwa 30 Minuten abtrocknen lassen und dann im vorgeheizten Backofen hellgelb backen.

Aufbewahren:
siehe Kokosmakronen, Seite 19.

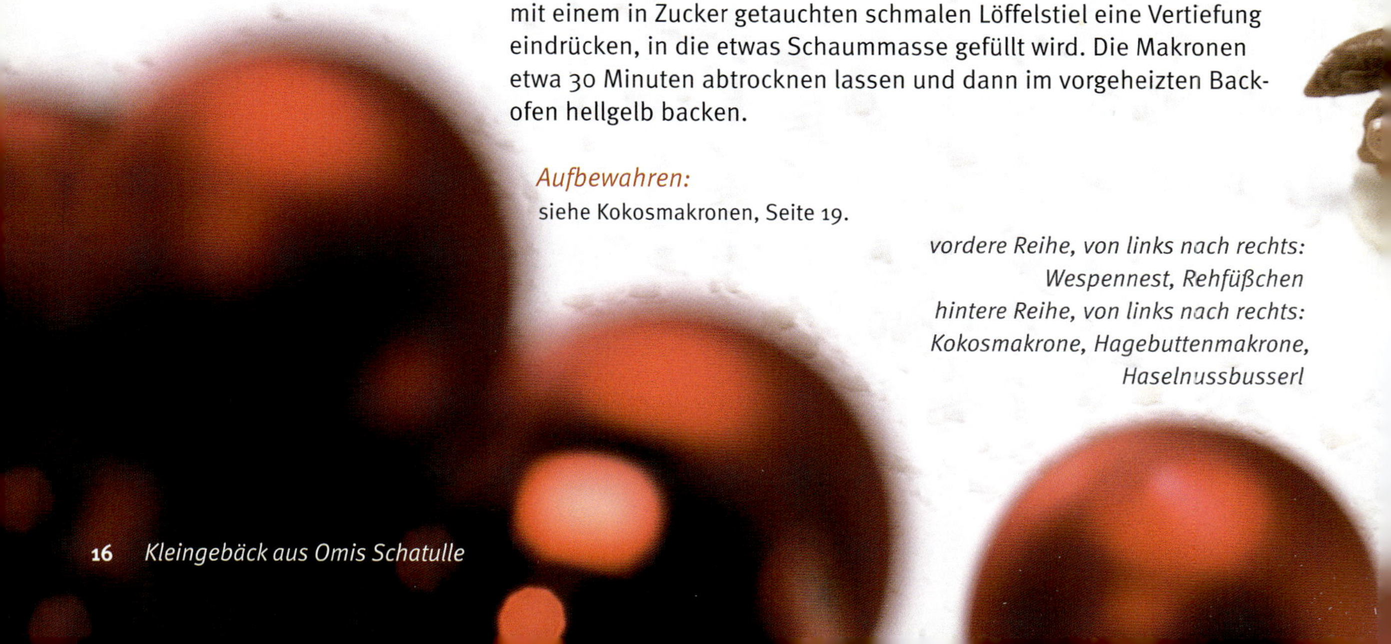

vordere Reihe, von links nach rechts: Wespennest, Rehfüßchen
hintere Reihe, von links nach rechts: Kokosmakrone, Hagebuttenmakrone, Haselnussbusserl

Rehfüsschen
Marzipan-Makronen

2 Eiweiss,
125 g Puderzucker,
250 g Marzipan-Rohmasse,
2–4 EL feine Zwiebackbrösel,
ca. 150 g Kuvertüre

Aufbewahren:
In flachen Dosen aufbewahren, damit es nicht zu viele Lagen werden. Zwischen die Lagen Pergamentpapier oder Alufolie legen

siehe Bild Seite 17

ca. 40 Stück
Elektro-Herd 175–200 °C | Gas-Herd Stufe 2–3 | Umluft-Herd 150–170 °C
Backzeit: ca. 20 Minuten

Die Eiweiß steifschlagen und mit dem Zucker dickschaumig rühren. Dann die weichgeknetete Marzipanmasse und die Zwiebackbrösel daruntermischen. Die Masse in einen Spritzsack (Dressiersack) einfüllen und mit der großen Sterntülle kleine Makronen auf ein gefettetes Backblech setzen. Im vorgeheizten Backofen hellgelb backen.
Die Kuvertüre im Wasserbad auflösen (siehe Seite 9) und etwas abkühlen lassen. Die noch warmen Rehfüßchen mit der Unterseite hineintauchen. Sollte die Kuvertüre zu kühl werden, einfach wieder zurück ins Wasserbad stellen und durchrühren.
Die Rehfüßchen mit der Schokoladenseite nach oben auf ein Kuchengitter zum Abtrocknen legen.

Kokosmakronen

ca. 60–80 Stück
Elektro-Herd 150–175 °C | Gas-Herd Stufe 1–2 |
Umluft-Herd 150–160 °C
Backzeit: 10–12 Minuten

Kokosflocken, Zucker, ein Eiweiß, Zitronensaft und -schale in einer Pfanne bei geringer Wärmezufuhr solange mit einem Holzlöffel rühren bis die Masse lauwarm ist und sich etwas zusammenballt, anschließend abkühlen lassen. Dieser Vorgang intensiviert den Kokosgeschmack. Die restlichen Eiweiß steifschlagen und nach und nach unter die völlig erkaltete Masse mischen. Sollte die Masse zu weich sein, einen Esslöffel Grieß zufügen.
Ein Backblech mit Oblaten belegen, mit Hilfe von zwei Teelöffeln kleine Makronen formen, darauf setzen und im vorgeheizten Backofen hellgelb backen. Oder die Makronenmasse in einen Spritzbeutel mit glatter runder Tülle füllen und Makronen auf die Oblaten spritzen. Oder aus der Masse kleine Pyramiden formen. So weiter verfahren bis die Masse verbraucht ist oder eine der unten genannten Varianten ausprobieren. Im vorgeheizten Backofen solange backen bis die Spitzen der Makronen hellbraun sind.
Alternativ die Makronen im auf 180 °C vorgeheizten Elektrobackofen in etwa 8 Minuten ausbacken. Die Oberfläche ist dann leicht gebräunt, aber der Kern der Makronen ist weich. Dies ist nur bei ganz frischem Eiweiß zu empfehlen.

**200 g Kokosflocken,
200 g Zucker, 3 Eiweiss,
Saft und Schale von
1 Naturzitrone
oder 1 P. Vanillezucker,
1 EL Griess nach Bedarf**

Kleine Backoblaten, 4 cm ø

Varianten:
Fein gehacktes Orangeat und Zitronat oder gehackte Mandeln und fein geschnittene Trockenaprikosen oder geriebene Schokolade und Zimt, Kardamom sowie eine Spur gemahlene Nelken und Muskat zur Makronenmasse geben. Hier lassen sich auch Reste noch verarbeiten.

Aufbewahren:
Wer die Makronen gern weich isst, sollte ein Stück Apfel mit in die Blechdose geben (gelegentlich auswechseln).

siehe Bild Seite 17

Haselnussbusserln

3 Eiweiss, 1 Prise Salz,
200 g Zucker,
250–300 g ungeschälte,
geriebene Haselnüsse
(je nach Eiweissgrösse),
40 g geriebene Zartbitter-Schokolade,
1–2 TL Espresso oder
löslicher Schnellkaffee
– nach Geschmack,
1 P. Vanillezucker

Backoblaten

Zum Dekorieren:
Haselnusskerne,
kandierte Kirschen oder
feine Marmelade

Aufbewahren:
Die Busserln nebeneinander in eine flache Blechdose legen.

siehe Bild Seite 17

ca. 80–100 Stück,
pro Blech: 4 Reihen à 6 Oblaten (7 cm ø)
Elektro-Herd 150 °C | Gas-Herd Stufe 1–2 | Umluft-Herd 130 °C
Backzeit: 12–15 Minuten

Die Eiweiß mit etwas Salz steifschlagen, Zucker zufügen und die Masse dickschaumig rühren. Dann die übrigen Zutaten leicht darunter heben. Aus der Masse kleine Kugeln formen und auf ein Backblech mit Backoblaten legen. Mit Hilfe eines Löffelstiels kleine Vertiefungen in die Haselnussbusserln drücken und etwas zerknüllte Alufolie in die Öffnung legen oder je eine ganze Haselnuss oder eine kandierte Kirsche in die Oberfläche drücken und die Busserln im vorgeheizten Backofen zart ausbacken. Wenn die Haut der ganzen Nusskerne etwas aufspringt und es nach Nuss und Kaffee duftet sind die Busserln gut.
Nach dem Backen müssen die Busserln einen Tag an einem Platz mit nicht zu trockener Luft stehen, damit sie weich werden.
Nun die Vertiefungen mit feiner Marmelade füllen.

Wespennester

ca. 80–90 Stück
Elektro-Herd 150–175 °C | Gas-Herd Stufe 1–2 | Umluft-Herd 150–160 °C
Backzeit: ca. 15–18 Minuten

375 g ungeschälte Mandeln in Stifte geschnitten,
375 g Zucker, 6 Eiweiss,
125 g Halbbitterschokolade, je 1 gute Msp. Zimt und Nelkenpulver,
1 P. Vanillezucker

Kleine runde Backoblaten, 5 cm Ø

Die Mandeln mit 1 Esslöffel Zucker bei milder Hitze in der Pfanne zart anrösten, dann erkalten lassen. Die Eiweiß zu steifem Schnee schlagen und die übrigen Zutaten beifügen. Zuletzt mit einem Backspatel die angerösteten Mandeln unter die Eiweißmasse heben. Ein Backblech mit Oblaten belegen, mit Hilfe eines Teelöffels kleine Mandelhäufchen darauf setzen und diese im vorgeheizten Backofen backen.

Aufbewahren:
Die Wespennester vorsichtig in Blechdosen füllen.

siehe Bild Seite 17

Bärentatzen
Schokoladenmuscheln

ca. 40–50 Stück
Elektro-Herd 175–180 °C | Gas-Herd Stufe 2 | Umluft-Herd 150–170 °C
Backzeit: 12–15 Minuten

3 Eiweiss, 1 Prise Salz,
250 g Puderzucker,
abgeriebene Schale und
Saft von 1 Naturzitrone,
125 g geriebene Schokolade (Edelbitter),
1 EL dunkler Kakao,
1 Msp. Zimt,
evtl. 1 Msp. Backpulver,
250 g ungeschälte
geriebene Mandeln

Holz- oder Metallmodel

Die Eiweiß mit Salz zu steifem Schnee schlagen. Die luftige Masse mit Puderzucker, Zitronenschale und -saft solange rühren, bis sie dickschaumig ist. Anschließend die mit Kakao, Zimt und evtl. Backpulver vermischte Schokolade zugeben, kurz verrühren und dann erst die Mandeln darunter mischen. Den Teig über Nacht kühl stellen.
Vom kühlen Teig immer nur kleine Mengen zum Formen nehmen – wird der Teig zu warm, lässt er sich nicht gut verarbeiten. Ein Bärentatzenmodel aus Holz mit kaltem Wasser (auch heißes ist möglich) ausspülen, einen Tropfen Wasser in der Form stehen lassen und wenig Teig in die Form drücken. Es sollte eine ebene Fläche entstehen. Dann die Form auf den Handballen stoßen und den Teig herauslösen. Die Bärentatzen auf ein mit Backtrennpapier belegtes Blech legen, kurz antrocknen lassen und im vorgeheizten Backofen ausbacken.

Tipp:
Wenn der Teig längere Zeit kalt gestanden hat, erübrigt es sich, die Bärentatzen über Nacht trocknen zu lassen.

Hinweis:
Sind die Eiweiß besonders groß, die Mandelmenge noch um etwa 100 g erhöhen und zur besseren Festigkeit noch 2 Esslöffel Speisestärke unter den Teig geben.

Variante:
Das Gebäck zur Hälfte in flüssige Schokolade oder Kuvertüre tauchen.
Oder die Bärentatzen mit Puderzucker überstreuen.

Aufbewahren:
Die Bärentatzen/Schokoladenmuscheln zwischen Alufolie oder Pergamentpapier liegend in Blechdosen füllen.

Vanillekipferl
Zuckerkipferl

250 g Mehl,
200 g Butter,
150 g geschälte, geriebene Mandeln,
100 g Zucker

Zum Wenden:
Echter Vanillezucker vermischt mit feinem Zucker, **siehe auch Seite 14**

Aufbewahren:
In einer Blechdose mit Pergamentpapier zwischen den Lagen.

ca. 100 Stück
Elektro-Herd 150–175 °C | Gas-Herd Stufe 1–2 | Umluft-Herd 150–160 °C
Backzeit: ca. 10–14 Minuten

Das Mehl, die Butter, die Mandeln und den Zucker auf dem Backbrett zu einem glatten Teig verarbeiten – möglichst nicht kneten und kurze Zeit kaltstellen. Dann eine lange schmale Rolle formen. Davon kleine Stücke abschneiden, fünf Minuten ruhen lassen und diese leicht in der Hand zusammenkneten. Aus der Masse kleine Hörnchen (Kipferl) formen. Die Vanillekipferl auf einem gut gefetteten oder mit Backpapier belegten Backblech noch kurz ruhen lassen, dann im vorgeheizten Backofen hellgelb backen.
Die heißen Kipferl für etwa zwei Minuten stehen lassen, dann behutsam mit einer Palette vom Blech lösen und in die Vanille-Sandzucker-Mischung geben. Vorsichtig darin wälzen und auf einer Platte abkühlen lassen.

VANILLEKIPFERL
HEIDESAND

Essigplätzchen
nach Tante Aenne

250 g Mehl, 1 Ei,
2 EL Apfelessig oder
milder Weinessig,
1 Prise Salz,
250 g kalte Butter

Zum Bestreichen:
2 verquirlte Eigelb

Zum Bestreuen:
gehackte Mandeln,
Körnersaat,
evtl. Hagelzucker

Zur Dekoration:
halbierte geschälte
Mandeln

ca. 80–100 Stück
Elektro-Herd 180 °C | Gas-Herd Stufe 2 | Umluft-Herd 160 °C
Backzeit: 12–14 Minuten

Das Mehl auf ein Backbrett häufen und in die Mitte eine Vertiefung drücken. Da hinein das Ei, Essig und Salz geben, die Butter in kleinen Stückchen rund um das Mehl verteilen. Zunächst langsam, dann energisch alle Zutaten mit einem großen Messer rasch zusammenhacken. Anschließend den Teig mit bemehlten Händen kurz durchkneten und ca. 30 Minuten kühl stellen.
Ein Backbrett leicht mit Mehl oder Mandelmehl bestreuen und den Teig ca. ½ cm dick darauf ausrollen. Die Teigplatte mit den verquirlten Eigelb bestreichen und mit Mandelstückchen und evtl. Hagelzucker bestreuen. Mit dem Teigrädchen rhombenförmige Plätzchen mit einer Kantenlänge von ca. 3 cm schneiden. In die Mitte eine halbierte Mandel drücken und die Essigplätzchen auf einem mit Backpapier belegten Blech im vorgeheizten Backofen knusprig ausbacken.

Aufbewahren:

Die Plätzchen in eine Blech- oder eine flache Plastikdose legen – je frischer die Plätzchen gegessen werden, desto besser schmecken sie!
Diese Plätzchen enthalten keinen Zucker. Wer sie dennoch lieber süß mag, kann »seine« Zuckermenge beigeben.
Essigplätzchen schmecken hervorragend zu Saft, Wein oder Sekt – eine Abwechslung an den »süßen« Feiertagen.

Nuss-Baiser-Schnitten

ca. 40–50 Stück
Elektro-Herd 175–200 °C | Gas-Herd Stufe 2–3 | Umluft-Herd 150–170 °C
Backzeit: 15–20 Minuten

300 g Mehl,
300 g gemahlene Haselnüsse,
150 g feiner Zucker,
4 Eigelb, 250 g Butter

Zum Füllen:
Himbeer- oder Johannisbeermarmelade, mit etwas heissem Wasser verrührt

Zum Bestreichen:
5 Eiweiss, 1 Prise Salz,
150 g Puderzucker,
150 g gemahlene Haselnüsse,
½ TL Zimtpulver,
½ TL Nelkenpulver,
abgeriebene Schale von ½ Naturzitrone

Das Mehl mit den Haselnüssen vermischen, auf ein Backbrett häufen und in die Mitte Zucker und Eigelb geben. Die Butter in kleinen Stücken rund um das Mehl verteilen. Dann alle Zutaten mit einem Messer erst vorsichtig, dann energisch zusammenhacken. Den Teig rasch durchkneten und zugedeckt ca. 30 Minuten kalt stellen.
Auf einem gefetteten oder mit Backpapier belegtem Backblech den Teig ca. ½ cm dick ausrollen und mit Hilfe eines feuchten Backspatels mit Marmelade nach Wahl bestreichen. Die Eiweiß mit etwas Salz sehr steifschlagen, langsam den gesiebten Puderzucker einrieseln lassen und die Nüsse mit den Gewürzen darunter heben. Den Baiserguss auf die Teigplatte streichen oder spritzen und das Gebäck im vorgeheizten Backofen hellgelb ausbacken.
Das Gebäck nur leicht abgekühlt in ca. 2×6 cm große Schnitten teilen. Vorsichtig vom Blech lösen – die Schnitten sind sehr weich und saftig!

Aufbewahren:
Die Schnitten nebeneinander auf Alufolie oder Pergamentpapier in flachen Plastikdosen nicht zu lange aufbewahren.

Spitzbuben

ca. 40–50 Stück
Elektro-Herd 175–200 °C | Gas-Herd Stufe 2–3 | Umluft-Herd 150–170 °C
Backzeit: 10–12 Minuten

100 g Butter,
100 g Zucker, 200 g Mehl,
65 g geschälte, geriebene Mandeln,
1 TL Vanillezucker,
etwas Milch, 1 Ei

Zum Füllen:
feine Marmelade, wie Himbeer- oder Johannisbeermarmelade, ca. 1 Glas

Zum Bestreuen:
Vanille- oder Puderzucker

Alle Zutaten auf dem Backbrett solange hacken, bis sich die Masse zusammenballt. Den Teig leicht verkneten und einige Stunden, besser über Nacht, kalt stellen. Dann den Teig in kleinen Mengen zwischen Klarsichtfolie dünn ausrollen und runde Plätzchen ausstechen. Bei der Hälfte der Plätzchen in der Mitte mit einem runden Ausstechförmchen oder einem Fingerhut eine kleine Öffnung ausstechen. Auf einem gefetteten oder mit Backpapier belegten Backblech die Plätzchen im vorgeheizten Backofen zu heller Farbe backen.
Nicht zu lange im Backofen lassen, sonst brechen die Plätzchen bei der Weiterverarbeitung.
Die Marmelade mit etwas Wasser geschmeidig rühren. Auf die noch warmen ganzen Plätzchen dünn Marmelade streichen, darauf ein Plätzchen mit Loch setzen und beide zusammenkleben.
Mit Zucker nach Wahl bestreuen. In die Öffnungen noch je 1 Tropfen Marmelade geben.

Tipp:
Sollte der Teig nach dem Kaltstellen zu hart geworden sein, einige Zeit bei Zimmertemperatur erwärmen und mit ein paar Tropfen Milch durchkneten. Anschließend ausrollen.

Aufbewahren:
Die Spitzbuben nebeneinander liegend in flachen Blechdosen aufbewahren. Evtl. noch einmal mit Zucker überstäuben

Zimtsterne

4 Eiweiss, 1 Prise Salz, 300 g Puderzucker, Saft von ½ Zitrone oder Limette, abgeriebene Schale von 1 Naturzitrone, 3 EL Zimt, 400 g ungeschälte, geriebene Mandeln

Zum Auswellen:
feiner Zucker

Stern-Ausstechformen:
ca. 6 cm Ø

Aufbewahren:
Die Zimtsterne nebeneinander in eine Blechdose legen, damit der Guss nicht beschädigt wird.

Geschenktipp:
Die Zimtherzen auf Backoblaten backen und in Cellophantütchen verpacken.

ca. 60–80 Stück
Elektro-Herd 150 °C | Gas-Herd Stufe 1–2 | Umluft-Herd 130 °C
Backzeit: ca. 12–15 Minuten

Die Eiweiß mit etwas Salz zu steifem Schnee schlagen und die Schaummasse mit gesiebtem Puderzucker, Saft und Abrieb der Zitrone so dick rühren, dass sie nicht mehr vom Löffel läuft. Davon zwei Tassen für den Guss zurückbehalten. Unter die übrige Masse den Zimt und die Mandeln mischen. Diesen relativ weichen Teig entweder in sehr kleinen Mengen auf Zucker oder zwischen Klarsichtfolie etwa fingerdick ausrollen. Wird der Teig auf Zucker ausgerollt, während des Ausrollens leicht hin und her schieben. Etwa 5–6 Sterne ausstechen – die Ausstechförmchen immer wieder in etwas Zucker tauchen und die Ecken mit einem Messer säubern, damit die Sternform erhalten bleibt.
Die Sterne auf ein mit Backpapier belegtes Backblech legen und über Nacht abtrocknen lassen.
Am nächsten Tag mit dem zurückbehaltenen, nochmals durchgerührten Guss überziehen: einen Klecks Guss in die Mitte geben und mit Hilfe eines Hölzchens in die Ecken ziehen. Die Glasur abtrocknen lassen und die Zimtsterne im vorgeheizten Backofen solange backen, bis der Guss hellgelb ist.

Orangensterne

ca. 50 Stück
Elektro-Herd 150–175 °C | Gas-Herd Stufe 1–2 | Umluft-Herd 150–160 °C
Backzeit: 20–25 Minuten

2 Eiweiss, 1 Prise Salz,
210 g Puderzucker,
abgeriebene Schale und Saft von 1 kleinen Natur-orange, 150 g geschälte, geriebene Haselnüsse,
75 g fein geschnittenes Orangeat,
30 g fein gehackte frische Ingwerwurzel,
1–2 EL Orangenlikör wie z. B. Grand Marnier

Zum Auswellen:
Zucker oder geriebene Haselnüsse

Stern-Ausstechformen:
ca. 5 cm Ø

Orangenglasur S. 83
Zartbitterschokolade, in Späne gehobelt

Eiweiß mit Salz sehr steifschlagen, nach und nach den gesiebten Puderzucker sowie Schale und Saft der Orange unterrühren.
Die Schaummasse darf nicht vom Löffel fallen, eventuell noch mehr Puderzucker zugeben. Dann alle übrigen Zutaten leicht unterheben.
Die Teigmasse auf Zucker oder geriebenen Nüssen ausrollen und Sterne mit Hilfe von oft in Zucker getauchten Ausstechformen ausstechen. Auf ein mit Backtrennpapier belegtes Blech legen und die Sterne über Nacht kühl stellen.
Am nächsten Tag die Orangensterne im vorgeheizten Backofen hellgelb backen.
Die Sterne sofort vom Blech nehmen und auf ein Kuchengitter legen.
Die noch lauwarmen Plätzchen mit Orangenglasur bestreichen und kurz antrocknen lassen. Die Glasur soll noch etwas feucht sein. Schokoladenspäne darüber streuen.

Tipp:
Orangensterne für Kinder: Anstatt Ingwer gehackte Nüsse verwenden, den Likör weglassen und die Plätzchen mit bunten Zuckerstreuseln oder Rosinen verzieren.

Aufbewahren:
Nebeneinander liegend in Blechdosen.

Linzer Kranzerln

4 Eigelb von hart gekochten Eiern,
85 g Zucker,
200 g weiche Butter,
270 g Mehl

Zum Bestreichen:
1 verquirltes Ei

Zum Bestreuen:
100 g Mandelstifte

Zum Füllen:
feine Marmelade

Zum Bestäuben:
100 g Zucker und
1 P. Vanillezucker

ca. 30–40 Stück
Elektro-Herd 175–200 °C | Gas-Herd Stufe 2–3 | Umluft-Herd 150–170 °C
Backzeit: 12–15 Minuten

Die Eigelb (Dotter) durch ein Sieb passieren und mit Zucker und Butter verrühren. Dann das Mehl dazugeben und den Teig messerrückendick ausrollen. »Kranzerln«, d. h. runde Kringel ausstechen, mit verquirltem Ei bestreichen, mit Mandelstiften bestreuen und im vorgeheizten Backofen hellbraun backen.
Noch warm, je zwei mit Marmelade bestrichene Kranzerln zusammensetzen und die Zuckermischung darüberstreuen.

Aufbewahren:
In einer Blechdose mit Zwischenlagen von Alufolie oder Pergamentpapier.

Hirse-Erdnuss-Plätzchen

Ca. 30–40 Stück
Elektro-Herd 180 °C | Gas-Herd Stufe 2–3 | Umluft-Herd 150 °C
Backzeit: 12–16 Minuten

Die weiche Butter oder Margarine mit Honig und den Eiern schaumig rühren. Das Hirsemehl mit dem Backpulver mischen und zusammen mit allen anderen Zutaten unter die Schaummasse arbeiten. Falls der Teig zu fest wird, einfach etwas Milch unterkneten. Ein Backblech mit Backpapier belegen und mit Hilfe von zwei feuchten Teelöffeln kleine Häufchen darauf setzen. Jeweils eine Nuss nach Wahl in die Oberfläche drücken und die Plätzchen im vorgeheizten Backofen goldgelb backen.

Aufbewahren:
Die abgekühlten Plätzchen in eine Blechdose legen, dann bleiben sie knusprig.

150 g Butter oder Pflanzenmargarine,
2 EL flüssiger Honig,
3 Eier,
250 g fein gemahlene Hirse,
½ P. Backpulver,
150 g ungesalzene, gemahlene Erdnüsse,
120 g vorbereitete Rosinen oder Sultaninen, siehe Seite 13,
½ TL Vanillezucker,
abgeriebene Schale von ½ Naturzitrone,
evtl. 2–3 EL Milch

Zum Verzieren:
Haselnusskerne, Erdnusskerne oder halbierte Mandeln

Sesam-Haferflocken-Stangen

50 g ungeschälter Sesamsamen,
80 g dunkle Melasse,
120 g brauner Zucker,
1 Prise geriebene Muskatnuss, abgeriebene Schale von ½ Naturorange,
1 Prise Salz,
120 g weiche Butter oder Pflanzenmargarine,
200 g kernige Haferflocken (Vollkorn-Haferflocken)

Evtl. Orangen-Spritzglasur (Seite 86)

ca. 50–60 Stück
Elektro-Herd 175 ° | Gas-Herd Stufe 2 | Umluft-Herd 160 °C
Backzeit: 20–25 Minuten

Den Sesamsamen in einer beschichteten Pfanne ohne Fett kurz anrösten.
Die Melasse in einen großen Topf füllen, den Zucker, die Gewürze und das Fett bei sehr geringer Hitzezufuhr unterrühren. Wenn sich der Zucker aufgelöst hat, die Haferflocken und die Sesamkörner hinzufügen und den Topf vom Herd nehmen. Ein Blech mit hohem Rand mit Backpapier auslegen und mdie Masse mit Hilfe eines feuchten breiten Backspatels sofort und möglichst gleich dick daraufstreichen. Im vorgeheizten Backofen ausbacken.
Die Teigplatte etwa sechs Minuten abkühlen lassen. Dann schmale Stangen (ca. 2×5 cm) davon schneiden.
Oder die Platte mit einem Gitter von Orangenspritzglasur überziehen und dann Stangen davon schneiden.

Aufbewahren:

Die Stangen in einer flachen Plastikdose mit zwischengelegtem Pergamentpapier aufbewahren.

Bethmännchen
nach Evas Art

ca. 70–80 Stück
Elektro-Herd 150 °C | Gas-Herd Stufe 1 | Umluft-Herd 100–150 °C
Backzeit: 12–15 Minuten

Die Marzipanmasse mit Puderzucker und Eiweiß verkneten – fallen die Eiweiß größer aus, wird mehr Puderzucker benötigt – und die Masse mit Mandelmehl oder Weizenmehl zu einem glatten Teig verarbeiten. Mit feuchten Händen kleine Kügelchen – für ein Kügelchen etwa ½ Teelöffel Marzipanmasse – auf ein mit Backpapier belegtes Blech setzen. Je drei halbierte Mandeln in die Kügelchen drücken, die Spitzen sollen nach oben zeigen. Die Bethmännchen über Nacht abtrocknen lassen und am nächsten Tag im nicht zu heißen Backofen hellgelb backen. Die Bethmännchen sofort vom Blech nehmen und auf Alufolie oder Backpapier setzen. Den Puderzucker im heißen Wasser auflösen und die heißen Bethmännchen mit dieser Glasur bestreichen, dann bekommen sie auf der Oberfläche eine glänzende Patina.

Aufbewahren:

In einer Blechdose mit einem Stück Apfel, damit die Bethmännchen weich bleiben. Das Apfelstück mehrmals erneuern, damit es nicht anfängt zu schimmeln.

400 g Marzipan-Rohmasse,
80–100 g Puderzucker,
1–2 Eiweiss,
je nach Grösse
abgeriebene Schale von
½ Naturzitrone,
50 g gemahlene Mandeln
oder 40–60 g Mehl

Zum Bestecken:
ca. 120 g ganze Mandeln,
abgezogen und halbiert
(Seite 12)

Für die Glasur:
2–3 EL Puderzucker,
2 EL heisses Wasser

siehe Bild Seite 61

Christbaumschmuck
Anhängerle

300 g Mehl, 100 g Zucker,
2 EL Rum, 200 g Butter
oder Margarine, 1 Ei,
1 Prise Salz,
abgeriebene Schale von
½ Zitrone

Für die Hälfte des Teigs:
2 EL Kakao

Zum Bepinseln:
1–2 Eiweiss

Zum Bestreuen:
Hagelzucker, gehackte
Mandeln oder Pistazien

Stückzahl abhängig von der Größe
Elektro-Herd 175°C | Gas-Herd Stufe 2–3 | Umluft-Herd 150–160 °C
Backzeit: Kleine Anhänger ca. 10 Minuten, mittlere 12–15 Minuten und große 15–20 Minuten

Das gesiebte Mehl mit den übrigen Zutaten zu einem Teig verarbeiten, kurz ruhen lassen. Den Teig halbieren, und unter eine Hälfte den Kakao kneten. Kleine Teigmengen abstechen, dünne Würste daraus formen und Brezeln und Kränze daraus schlingen. Oder gleich lange Rollen sternförmig übereinander legen, in der Mitte etwas andrücken und die äußeren Enden blumenartig rundlegen. Oder den Teig ca. ½ cm dick ausrollen und verschiedene Formen ausstechen. Die Gebäckstücke mit leicht geschlagenem Eiweiß bestreichen und nach Belieben mit Hagelzucker, Mandel- oder Pistazienstückchen bestreuen. Im vorgeheizten Backofen backen, nach Belieben glasieren.
Die abgekühlten Brezeln, Kränze usw. mit einer dünnen Goldschnur oder bunten Bändern versehen und damit Tannenzweige zum Advent, Geschenke oder einen kleinen Tannenbaum schmücken. Ein so geschmückter Baum ist ein hübsches, sehr persönliches Geschenk für liebe Verwandte oder Freunde. Und die essbaren Christbaum-Anhänger können nach Lust und Laune vom Baum geknabbert werden.

Lebkuchen, Pfefferkuchen & Co.

Nürnberger Lebkuchen

4 Eier, 250 g Zucker,
je 70 g Orangeat und Zitronat,
70 g Mandelblättchen,
250 g Mehl, 1 TL Zimt,
je 1 Msp. Nelken, Muskatblüte und Kardamom,
5 g Hirschhornsalz oder ½ P. Backpulver

Rechteckige oder runde Backoblaten

ca. 30–40 Stück
Elektro-Herd 150–175 °C | Gas-Herd Stufe 1–2 | Umluft-Herd 150–160 °C
Backzeit: 25–30 Minuten

Die Eier mit dem Zucker schaumig rühren, das feinwürfelig geschnittene Orangeat und Zitronat, die Mandelblättchen sowie nach und nach die übrigen Zutaten beigeben. Ein Backblech mit Oblaten auslegen, dann die Teigmasse etwa 1 cm dick aufstreichen. Über Nacht trocknen lassen. Am nächsten Tag die Lebkuchen im vorgeheizten Backofen bei nicht ganz geschlossener Backofentür backen.

Die Lebkuchen können noch warm glasiert werden (Glasuren ab Seite 83).

Bild rechts im Uhrzeigersinn: Elisenlebkuchen mit Schokoladenglasur, Elisenlebkuchen mit Punschglasur, Basler Leckerli, Elisenlebkuchen natur
In der Mitte: Tante Jennys Pfeffernüsse

Elisenlebkuchen

125 g Marzipan-Rohmasse, 125 g geschälte geriebene Mandeln, 375 g gestossener, brauner Kandis oder feiner brauner Rohrohrzucker, 6 Eiweiss, 50 g Orangeat, abgeriebene Schale von ½ Naturzitrone, 150 g Mehl, ½ P. Backpulver, 2 TL Lebkuchengewürz

Grosse runde Backoblaten

Zum Belegen:
geschälte halbierte Mandeln

ca. 60 Stück
Elektro-Herd 175–200 °C | Gas-Herd Stufe 2–3 | Umluft-Herd 150–170 °C
Backzeit: 25–30 Minuten

Das Marzipan zerkleinern und mit den geriebenen Mandeln, dem Kandis oder Zucker und 3 Eiweiß in einer hohen Pfanne bei geringer Wärmezufuhr solange abrösten, bis sich die Masse zusammenballt. Die restlichen Eiweiß mit dem kleinwürfelig geschnittenen Orangeat, der Zitronenschale, dem durchgesiebten und mit Backpulver vermischten Mehl und dem Gewürz vermischen. Die Mandelmasse dazugeben und alles sehr gut miteinander vermengen. Die Teigmasse etwa 1 cm hoch in die Mitte der Oblaten geben und mit einem Messer konisch zu den Rändern hin verstreichen. Mit je drei halbierten Mandeln belegen. Die Lebkuchen über Nacht abtrocknen lassen.
Am nächsten Tag im vorgeheizten Backofen hell ausbacken.

Varianten:
Die noch warmen Lebkuchen mit Punschglasur S. 83 oder Schokoladenglasur S. 84 überziehen. Statt runden Backoblaten können die Lebkuchen auch auf größeren rechteckigen Oblaten gebacken werden

Aufbewahren:
Lebkuchen mit einem Stück Apfel oder Orangenschale in Blechdosen legen, damit sie saftig bleiben. Apfel bzw. Schale öfter kontrollieren und evtl. erneuern.

siehe Bild Seite 39

Basler Leckerli

ca. 80–100 Stück
Elektro-Herd 200–225 °C | Gas-Herd Stufe 3–4 |
Umluft-Herd 160–180 °C
Backzeit: 20–30 Minuten

Den Honig mit der Hälfte des Zuckers aufkochen, im restlichen Zucker die gehackten Mandeln anrösten. Orangeat und Zitronat sowie die Gewürze in den heißen Honig einrühren und zum Abkühlen beiseite stellen. Die gesiebte Pottasche im Kirschwasser auflösen, das Mehl und die gerösteten Mandeln zugeben und alles gut mit der Honigmasse vermengen. Oder das Kirschwasser, das mit Backpulver vermischte gesiebte Mehl und die gerösteten Mandeln zugeben. Den Teig ca. ½ cm dick auswellen, auf gefettete, mit Mehl bestäubte Bleche legen und über Nacht kühl stellen.
Im vorgeheizten Backofen die Honiglebkuchen hellbraun backen. Sofort einschneiden (s. u.) und noch warm mit Zuckerglasur überziehen oder mit in Eiweiß getauchten Mandeln und Nusskernen verzieren. Die Leckerli in kleine Rhomben, Quadrate oder Rechtecke schneiden.

Aufbewahren:
Die Leckerli in fest verschließbare Blechdosen geben, ein Stück Orangenschale mit hineingeben.

750 g flüssiger Honig,
750 g Zucker,
375 g gehackte Mandeln, geschält (oder je zur Hälfte Mandeln und Haselnüsse),
je 125 g Zitronat und Orangeat,
1 Prise Muskat, ½ TL Nelken,
je 1 Msp. gemahlener Ingwer und gemahlener Piment, 3 TL Zimt,
½ TL Pottasche oder
1 ½ P. Backpulver,
1 cl Kirschwasser,
875 g Mehl

Zuckerglasur (S. 83) oder geschlagenes Eiweiss und Mandeln oder Pinienkerne

siehe Bild Seite 39

Lebkuchenmann
Stutenkerl/Grittibänz

Lebkuchenmann
Nikolaus

ca. 3–4 große, ca. 30 cm hohe Figuren
Elektro-Herd 200 °C | Gas-Herd Stufe 3 | Umluft-Herd 150–160 °C
Backzeit: größere Figuren 15–20 Minuten, kleinere ca. 12 Minuten

Den Honig unter stetem Rühren mit dem Sirup, dem Zucker und der Milch erhitzen, Butter und die Eier zufügen sowie Kakao und Gewürze unterrühren. Wenn sich der Zucker vollständig aufgelöst hat, die Masse von der Herdplatte nehmen und fast erkalten lassen. Dann das mit Rum aufgelöste Hirschhornsalz und das Mehl unterkneten. Den Lebkuchenteig über Nacht zugedeckt ruhen lassen.
Am nächsten Tag den Teig etwa 1 cm dick ausrollen und mit einem scharfen Messer Nikolausfiguren (siehe nebenstehende Abbildung) daraus schneiden. Es empfiehlt sich eine Schablone aus fester Pappe anzufertigen, das ist einfacher, als frei von Hand zu schneiden. Aus den Teigresten dünne Stränge rollen und mit Hilfe von Zahnstochern auf dem Nikolaus festdrücken – einen Rucksack, einen Bart und eine Mütze damit markieren. Ein Blech mit Backpapier belegen und zwei Figuren mit etwas Abstand darauf legen. Die Augenbraue, den Bart, die Manteltasche und die Stiefel mit Hagelzucker bestreuen, die Mütze mit Mandelstückchen belegen und den Sack mit halbierten Mandeln füllen. Als Auge dient eine kleine Zuckerperle. Die Teigwülste mit Milch-Wasser-Mischung bestreichen und die Nikolausfiguren im vorgeheizten Backofen zart ausbacken.

Geschenktipp:
Nikolaus in einen flachen, mit Tannenreisig gut ausgepolsterten Korb legen und einen Tannenzweig besteckt mit Zuckerblümchen in die Hand geben.

250 g flüssiger Honig,
200 g Zuckersirup,
200 g brauner Zucker,
1/8 l Milch, 250 g Butter,
3 Eier, 4 EL Kakao,
4 EL Zimtpulver,
1 Msp. Nelkenpulver,
1 TL Piment, gemahlen,
oder 1 Päckchen Lebkuchengewürz,
20 g Hirschhornsalz,
aufgelöst in 4 EL Rum,
1000 g Weizenmehl

Zum Bestreuen:
abgezogene halbierte Mandeln, Mandelstückchen, Hagelzucker, Zuckerperlen

Aufbewahren:
Die Nikolausfiguren kurz vor dem 6. Dezember backen und mit Cellophanpapier umwickeln.

Hefemann
Grittibänz/Stutenkerl

500 g Mehl,
25 g Frischhefe oder
1 Päckchen
Trockenbackhefe,
1/8–1/4 l lauwarme Milch,
50 g Zucker, 100 g Butter
oder Margarine,
1 TL Salz, 1–2 Eier

Zum Bestreichen:
1 Eigelb/Dotter

Zum Verzieren:
Haselnüsse, geschälte Mandeln, Rosinen,
kandierte Kirschen und
Hagelzucker

Varianten:
Dieser Teig eignet sich auch für eine Weihnachts- oder Neujahrsbrezel: zusätzlich noch etwas abgeriebene Zitronenschale in den Teig geben. Auch kleine Weihnachtsengel lassen sich daraus fertigen. Für kleinere Figuren die Teigmenge halbieren und die Backzeit um etwa 5–8 Minuten reduzieren.

siehe Bild Seite 42

Elektro-Herd 200 °C | Gas-Herd Stufe 3 | Umluft-Herd 170 °C
Backzeit: 20–25 Minuten

Das Mehl auf ein Backbrett schütten und eine Vertiefung hinein drücken. Die zerbröckelte Hefe mit etwas Milch, der Hälfte des Zuckers und wenig Mehl verrühren und diesen Vorteig in die Vertiefung gießen, mit etwas Mehl bestäuben. Den Vorteig zugedeckt etwa 20 Minuten gehen lassen. Dann die Butter in Flöckchen auf den Mehlrand setzen, das Salz darüber streuen und den Teig unter Zugabe der Eier und der restlichen Milch zusammenarbeiten. Solange ruhen lassen, bis die Mehldecke aufreißt. Bei Zubereitung in der Küchenmaschine entfällt die Zubereitung des Vorteigs (siehe Seite 8).
Dann – je nach Vorstellung – den Teig in unterschiedlich große Teigbälle teilen. Aus einem Teigball den Körper formen, daran den Kopf (evtl. mit einer Mütze) setzen. Aus einem weiteren Teigball die Beine und aus einem kleineren, der geteilt wird, zwei Arme rollen. Die Teigreste flechten oder drehen und als Verzierung auflegen.
Den Hefemann auf ein mit Backpapier belegtes Blech setzen, mit Eigelb bestreichen und die Augen mit Haselnusskernen oder Rosinen markieren; Nase und Mund mit Mandelstückchen oder kandierten Kirschen, das Gewand mit weiteren Mandeln und Hagelzucker dekorieren und im vorgeheizten Backofen goldgelb backen.

Aufbewahren:
Hefegebäck hält sich in Cellophanpapier eingeschlagen einige Tage frisch; diese Gebäckstücke eignen sich sehr gut zum Verschenken.

Tipp:
Sollten die Nüsse und Mandeln zu dunkel werden, den Hefemann nach 18–20 Minuten Backzeit mit Alufolie abdecken und so zu Ende backen.

Pfeffernüsse
nach Tante Jenny

ca. 100 Stück
Elektro-Herd 180 °C | Gas-Herd Stufe 2–3 | Umluft-Herd 150–160 °C
Backzeit: 20–30 Minuten

Die Eier mit dem Zucker von Hand ca. 20 Minuten, mit dem elektrischen Handrührgerät ca. 2 Minuten rühren, dann alle Zutaten beifügen. Zuletzt das gesiebte Mehl unterrühren. Die Teigmasse auf einem leicht mit Mehl bestäubten Backbrett etwa 1 cm dick ausrollen und mit einem Schnapsglas, Eierbecher oder einem runden Ausstecher Pfeffernüsse ausstechen oder zu Kugeln formen. Auf ein mit Backpapier belegtes Blech setzen und über Nacht trocknen lassen.
Am nächsten Tag die Pfeffernüsse einzeln in Kirschwasser tauchen und im vorgeheizten Backofen ausbacken.

Aufbewahren:
Sollen die Pfeffernüsse weich werden, zunächst an der Luft liegen lassen, dann mit einem Stückchen Apfel in eine Blechdose legen.

**3 Eier, 250 g Zucker,
2 Msp. Pottasche,
30 g sehr fein geschnittenes Zitronat oder Schalenabrieb von 1 Naturzitrone, je 1 Prise Zimt, Nelken und Piment (oder Muskatnuss),
1 EL Kirschwasser,
250 g Mehl**

Zum Eintauchen:
Kirschwasser

siehe Bild Seite 39

Dominosteine

125 g flüssiger Honig,
60 g dunkle Melasse,
30 g Butter oder Margarine,
je 90 g Weizen- und Roggenmehl,
70 g ungeschälte, gemahlene Mandeln,
1 kleine Prise Salz,
1 TL Backpulver oder Pottasche, je 1 Prise Piment und Nelkenpulver,
½ TL gemahlener Zimt,
1–2 Eier

Zum Füllen:
Aprikosen- oder Johannisbeergelee,
etwas Zitronensaft

Zum Glasieren:
200 g Schokoladenfettglasur (fertig gekauft),
Schokoladenspritzglasur (Seite 86)

24 Stück
Elektro-Herd 175 °C | Gas-Herd Stufe 2 | Umluft-Herd 150–160 °C
Backzeit: 10–15 Minuten

Den Honig mit der Melasse und dem Fett in einem Topf mit dickem Boden erhitzen und die Masse auskühlen lassen. Die beiden Mehlsorten sowie die Mandeln mit den Gewürzen, dem Backpulver und den Eiern vermischen und alles mit der abgekühlten Honigmasse verkneten. Den Teig für einige Stunden kühl (am besten über Nacht, nicht im Kühlschrank) ruhen lassen.
Den Teig zwischen Klarsichtfolie etwa ½ cm dick ausrollen. Ein Blech mit Backpapier belegen, die Teigplatte darauflegen und im vorgeheizten Backofen nicht zu kross ausbacken.
Die Teigplatte mit dem Backpapier vom Blech nehmen, Rechtecke (3×5 cm) davon schneiden (ein Lineal dazu benutzen, damit die Kanten gerade sind) und eine Hälfte mit dem mit Zitronensaft geschmeidig gerührten Gelee bestreichen. Die Dominosteine zusammenkleben und über Nacht ruhen lassen.
Schokoladenfettglasur nach Vorschrift auf der Packung zerlassen. Jedes einzelne Gebäckstück mit Hilfe eines Hölzchens oder einer Konfektgabel in die Glasur tauchen und auf Alufolie liegend abtrocknen lassen.

Bitte lesen Sie weiter auf Seite 48 ›

Dominosteine, Fortsetzung

Adventskalender-Variante: Mit Hilfe eines Hölzchens oder eines selbst gemachten Spritzsacks mit kleiner Öffnung (siehe Seite 14) Zahlen von 1–24 auf die Dominosteine zeichnen. Oder die Dominosteine farbig glasieren, z. B. mit Pink-Glasur (Seite 86) und die Ziffern mit Schokoladen-Spritzglasur auftragen. Die getrockneten Dominosteine einzeln in Cellophanpapier einpacken, mit Bändern umschnüren und an die Haken des gebastelten Adventskalenders (s. u.) hängen oder mit Hilfe von doppelseitig klebendem Tesafilm auf der Platte befestigen.

Für den Adventskalender: Eine farbig bemalte Spanplatte (50×100 cm, 10 mm dick) mit farblosem, lebensmittelechtem Lack überziehen.
24 Häkchen in vorgezeichnete Punkte drehen und an der Rückseite, oben und außen zwei größere Schraubhaken befestigen. An diesen Schraubhaken kann die Spanplatte aufgehängt werden.
Oder: Eine Spanplatte dünn mit lebensmittelechtem Klebstoff bestreichen, Alufolie daraufkleben – diese darf ruhig »runzelig« aussehen. Dann weiter wie oben. Auch Filz eignet sich sehr gut zum Bekleben.
Oder: Lackfolie um die Platte spannen und auf der Rückseite mit Hilfe eines Tackers befestigen.
Oder: Die Platte mit einem weihnachtlich bedruckten Baumwollstoff bespannen und diesen auf der Rückseite befestigen.

Tipp:
Die Ziffern und andere Verzierungen lassen sich auch gut mit einem kleinen Pinsel oder kleinen Plastik-Einwegspritzen (ohne Nadel, aus der Apotheke) auftragen.

Printen

ca. 100 Stück
Elektro-Herd 175–200 °C | Gas-Herd Stufe 2–3 | Umluft-Herd 150–160 °C
Backzeit: 20–30 Minuten

750 g Mehl,
500 g flüssiger Honig,
250 g Zuckerrübensirup,
250 g Zucker, 1 Prise Salz,
1 P. Backpulver,
Abrieb von 1 Naturorange,
2 TL gemahlener Anis,
1 TL gemahlener Kardamom,
1 TL gemahlene Nelken

Zum Bestreuen/ Bestreichen:
40 g grob gestossener weisser Kandiszucker oder Milch zum Bestreichen

Alle Zutaten gut miteinander verkneten – am besten in der Küchenmaschine – und den Teig 1–2 Tage ruhen lassen.
Dann etwa 2 cm dick ausrollen und ca. 3×10 cm große Rechtecke oder Rhomben davon schneiden. Diese mit dem Kandiszucker bestreuen oder nur mit Milch bestreichen, auf ein gefettetes Backblech legen und im vorgeheizten Backofen ausbacken.

Aufbewahren:
Die Printen in eine Blechdose geben.

Variante:
Die Printen ohne Kandiszucker backen, stattdessen nach dem Erkalten mit Schokoladenglasur (Seite 84) vermischt mit grob geriebenen Mandeln überziehen.

Kärtner Lebzelten

100 g Gerstenmehl,
180 g Weizenmehl,
½ P. Backpulver,
200 g Zucker, 2 Eier,
4 EL Honig,
½ TL gemahlener Ingwer,
1 Prise Nelken, 1 TL Zimt,
1 Msp. Muskatblüte,
1 EL Orangenmarmelade
oder 1 TL abgeriebene
Orangenschale von
½ Naturorange

Zum Glasieren:
Zitronen- oder
Vanilleglasur
(siehe Seite 83, 84)

ca. 30–40 Stück
Elektro-Herd 180 °C | Gas-Herd Stufe 2–3 | Umluft-Herd 150–170 °C
Backzeit: 20–30 Minuten

Das mit Backpulver vermischte, gesiebte Mehl auf dem Backbrett mit Zucker, Eiern, Honig und Gewürzen vermischen und einen festen Teig daraus kneten. Den Teig etwa ½ cm dick auswellen. Ein Backblech mit Backpapier belegen, den Teig als Platte darauflegen und die Lebzelten über Nacht trocknen lassen. Am nächsten Tag dann im vorgeheizten Backofen ausbacken. Oder den Teig esslöffelweise auf runde Backoblaten (ca. 8 cm ø) streichen und weiter wie oben verfahren.
Die gebackene Teigplatte noch warm mit Zitronen- oder Vanilleglasur überziehen (evtl. mit Mandelhälften belegen) und kleine Quadrate oder Rechtecke davon schneiden.

Aufbewahren:
Die Lebzelten in einer Blechdose mit einem Stück Apfel oder in einer Plastikdose – damit sie weich werden – aufbewahren.

Backen ist ein Kinderspiel

»Äpfel, Nüss' und Mandelkern, essen alle Kinder gern« – und genauso gerne greifen sie in der Advents- und Weihnachtszeit zum Rührlöffel oder zum fertigen Teigklumpen, um Plätzchen auszustechen, phantasievoll zu verzieren, zuzuschauen wie sie backen und dann, kaum abgekühlt, möglichst noch vor Weihnachten zu naschen.
Die folgenden Rezepte sind einfach herzustellen und »kindererprobt«. Sie sind besonders ausführlich für Kinder zum Selberlesen geschrieben. Soweit ein elektrisches Gerät zur Zubereitung benötigt wird, helfen sicher ältere Geschwister, Mutti, Papi oder Omi die Technik richtig einzusetzen.
Auch das Einstellen des Herdes sollte überwacht werden, denn es ist demotivierend, wenn die Plätzchen schwarz werden.
Beim Abwiegen der Mengen sollte auch ein »Backerfahrener« mithelfen, zumindest beim ersten Mal! Am übersichtlichsten ist es, wenn die einzelnen Zutaten abgewogen, vorbereitet in kleinen Schälchen oder auf Tellern in der richtigen Reihenfolge aufgestellt werden.
Für absolute Back-Neulinge ist dies der ideale Einstieg in die Welt des Backens. Vielleicht kommt dann der Mut für aufwendigere Rezepte.

Zuckerbrötchen

3 große Eier, 500 g Zucker, ½ TL abgeriebene Zitronenschale von einer Naturzitrone, 125 g weiche Butter, 500 g Mehl, 1 P. Backpulver

Zum Bestreichen:
1–2 Eigelb/Dotter

Zum Bestreuen:
50 g Hagelzucker

Arbeitsgeräte und Utensilien:
1 flaches Backblech, 1 Stück Backpapier oder Margarine zum Einfetten, 1 Rührschüssel, 1 Schneebesen oder elektrisches Handrührgerät, 1 feine Reibe, 1 Backbrett, 1 Wellholz/Kuchenrolle, Ausstechformen, 1 kleine Gabel, 1 Schüsselchen, Backpinsel, Topflappen, hitzefeste Unterlage, Messer oder Backspatel, Kuchengitter

ca. 80–100 Stück
Elektro-Herd 180 °C | Gas-Herd Stufe 2 | Umluft-Herd 150–160 °C
Backzeit: 10–12 Minuten

Den Backofen auf 180 °C vorheizen (den Gasherd erst unmittelbar vor dem Backen einschalten, den Umluft-Herd auf 150–160 °C einschalten – das besorgt am besten ein Erwachsener) und das flache Backblech mit Backpapier belegen oder mit Margarine dünn einfetten.
Die Eier am Rand der Rührschüssel aufklopfen und Eigelb und Eiweiß in die Rührschüssel fallen lassen. Dann langsam den Zucker dazuschütten und die Masse mit dem Schneebesen etwa fünf Minuten schlagen, bis alles schaumig ist (mit dem elektrischen Handrührgerät benötigt man nur ungefähr zwei Minuten).
Auf einer feinen Reibe die Schale einer ungespritzte Zitrone reiben. Den Abrieb zusammen mit der Butter zur Masse geben und zum Schluss das Mehl und das Backpulver unterrühren. Alle Zutaten gut miteinander verarbeiten. Auf ein Backbrett ein wenig Mehl streuen, den Teigklumpen darauflegen und mit dem Wellholz ausrollen. Sollte das Wellholz am Teig festkleben, mit etwas Mehl bestäuben.
Der Teig sollte etwas dünner als der kleine Finger ausgerollt sein. Dann mit verschiedenen Förmchen ausstechen: Sterne, Herzen, Bäumchen, Engel, Kringel, Dreiecke und viele andere Motive. Die ausgestochenen Plätzchen auf ein Backbrett legen.
Ist der ganze Teig ausgestochen, die Eigelb mit einer kleinen Gabel in einem Schüsselchen verrühren und jedes Plätzchen mit Hilfe eines Backpinsels mit etwas Eigelb bestreichen.

Dann Hagelzucker darauf streuen und einen Teil der Plätzchen auf das Blech setzen. Die Plätzchen müssen mit einem kleinen Abstand aufs Blech gelegt werden, da sie beim Backen noch etwas breiter und größer werden. Das Blech auf der mittleren Schiene in den Backofen schieben.

Wenn die Plätzchen fertig sind – sie duften dann gut nach Kuchen –, das Blech mit dicken Topflappen herausnehmen, auf eine Unterlage stellen und die Plätzchen vorsichtig mit einem breiten Messer oder einem Backspatel vom Blech lösen und zum Abkühlen auf ein Kuchengitter legen.

Weitere Plätzchen auf das Blech legen und backen, bis alles verarbeitet ist. Die abgekühlten Plätzchen in eine Blechdose zum Aufbewahren legen.

Variante:

Den Hagelzucker weglassen und die fertigen Plätzchen mit einer Glasur (ab Seite 83) überziehen und mit bunten Zuckerstreuseln bestreuen.

Weihnachts-Muffins

Für 1 Muffin-Form mit 12 Vertiefungen
Elektro-Herd 200 °C | Gas-Herd Stufe 3 | Umluft-Herd 180 °C
Backzeit: 20–25 Minuten

1 Ei, 140 g Zucker,
100 g weiche Butter oder
80 ml Sonnenblumenöl,
250 g Jogurt,
abgeriebene Schale von
½ Naturorange,
200 g Weizenmehl,
2 TL Backpulver,
½ TL Natron,
50 g gehackte Mandeln,
50 g gehackte Walnüsse/
Baumnüsse,
50 g Kokosflocken,
60 g Marzipan-Rohmasse,
klein gewürfelt

Arbeitsgeräte und Utensilien:
2 Backschüsseln,
1 Kochlöffel,
1 kleine Reibe,
1 grosses Sieb,
1 Metall- oder
Plastiklöffel,
Topflappen

Fett für die Form
oder kleine Papier-Back-
förmchen,
eine Muffin-Form

Das Ei am Rand der ersten Backschüssel aufschlagen, mit einem Kochlöffel leicht verrühren. Dann den Zucker, die Butter oder das Öl zugeben, alles miteinander verrühren, zuletzt Jogurt einrühren.
Mit einer kleinen Reibe die Orangenschale darüber reiben und vermischen. Das Mehl in die andere Schüssel sieben, mit Backpulver, Natron, Mandeln, Nüssen und Kokosflocken vermischen, zuletzt das klein gewürfelte Marzipan zugeben. Den Elektro-Backofen auf 200 °C vorheizen.
Dann diese Mehlmischung in die erste Backschüssel geben und alles mit einem Metall- oder Plastiklöffel vermengen, nicht kneten! Der Teig soll nur etwas feucht sein.
Den Teig etwa ¾ hoch in die gefetteten oder mit Papier-Backförmchen ausgekleideten Vertiefungen einfüllen und das Muffinblech auf dem Rost stehend in die mittlere Schiene des Backofens einschieben.
Um zu testen ob die Muffins gut durchgebacken sind, ein Holzstäbchen in ein Muffin stechen. Bleibt beim Rausziehen kein Teig daran hängen, können die Muffins (mit Topflappen) aus dem Backofen genommen werden.

Aufbewahren:
In einer luftdicht verschlossenen Schüssel können die abgekühlten Muffins ein bis zwei Tage aufbewahrt werden. Am besten schmecken sie jedoch noch warm!

Variante:
Wer lieber Rosinen mag, lässt die Nüsse weg und nimmt 100 g Rosinen und ½ Tütchen Vanillezucker. Werden die Muffins auf Vorrat gebacken, so können sie leicht abgekühlt mit Schokoladenglasur (Seite 84) bestrichen und mit bunten Zuckerstreuseln oder Gummibärchen dekoriert werden.

Sandspritzgebäck

150 g Butter,
60 g Puderzucker,
½ P. Vanillezucker,
1 Prise Salz,
1 Msp. Koriander, gemahlen,
2 Eigelb/Dotter, 180 g Mehl

Zum Bestreichen:
Marmelade
oder zum Eintauchen:
flüssige Schokolade

Zum Bestäuben:
Puderzucker

ca. 60–70 Stück
Elektro-Herd 180–200 °C | Gas-Herd Stufe 2–2 ½ |
Umluft-Herd 150–160 °C
Backzeit: ca. 15 Minuten

In einem kleinen Töpfchen bei geringer Herdhitze die Butter zerlassen, in einen Rührtopf umfüllen. Puderzucker in ein Mehlsieb geben und zur Butter sieben. Dann den Vanillezucker dazugeben, zwischen Daumen und Zeigefinger Salz nehmen (das ist eine Prise), hineinstreuen und den Koriander dazugeben. Die Eigelb in einer Tasse mit einer kleinen Gabel oder mit dem Schneebesen verquirlen und mit dem Rührlöffel oder dem elektrischen Handrührgerät unterrühren. Nun nach und nach immer ein bisschen Mehl zugeben und gut mit allen anderen Zutaten verrühren. Wichtig ist, dass das Mehl nicht auf einmal untergerührt wird. Ist alles Mehl verbraucht, ist der Teig fertig.
Ein Backblech mit Margarine einfetten oder mit Backpapier belegen.
Einen Spritzsack mit Sterntülle zu einem Drittel umstülpen (so geht das Einfüllen leichter) und den Teig einfüllen. Dann das Umgestülpte wieder zurückklappen. Den Elektro-Herd auf 180–200 °C vorheizen.
Den Spritzsack in beide Hände nehmen, wobei die linke Hand den Sack und die rechte Hand den oberen Teil umfasst (bei Rechtshändern). Nun können verschiedene Formen auf das vorbereitete Backblech gespritzt werden, zum Beispiel Streifen, Kringel oder Blümchen. Vor dem Backen das Blech mit den Plätzchen ungefähr 15 Minuten kalt stellen. Die Plätzchen auf der mittleren Schiene im vorgeheizten Backofen hellgelb backen.

Das Blech nach der Backzeit mit Topflappen aus dem Backofen herausnehmen, zum Abkühlen auf einen Untersetzer stellen. Dann immer zwei zusammenpassende Formen vom Blech nehmen, mit Marmelade bestreichen, zusammensetzen oder einzeln in zerlassene Schokolade tauchen (in einem Töpfchen zerkleinerte Schokolade mit etwas Milch erwärmen und gut verrühren, bis die Schokolade geschmolzen ist). Zum Schluss das Gebäck mit Puderzucker bestäuben (dazu Puderzucker in ein Schüttelsieb geben) und auf einem Kuchengitter trocknen lassen.

Aufbewahren:

Das mit Schokolade überzogene Spritzgebäck nebeneinander in Blechdosen legen. Das gefüllte Gebäck kann übereinander gelegt werden.

Arbeitsgeräte und Utensilien:

1 kleines Töpfchen, 1 Rührtopf, 1 Mehlsieb, 1 Tasse, 1 Schneebesen, 1 Rührlöffel oder elektrisches Handrührgerät, 1 gefettetes Backblech oder Backblech mit Backpapier belegt, 1 Spritzsack mit Sterntülle, Topflappen, Untersetzer, 1 Pinsel, 1 kleines Schüttelsieb, Kuchengitter

Heidesand

125 g Butter, 125 g Zucker,
1 P. Vanillezucker,
200 g Mehl,
1 TL Backpulver,
2 EL geriebene dunkle Schokolade

Etwas Mehl zum Formen der Teigrollen

Arbeitsgeräte und Utensilien:
1 Kochtopf,
1 Rührlöffel,
Backbrett, Klarsichtfolie,
1 Messer, Backblech,
Backpapier, Topfhandschuhe, 1 Backspatel oder breites Messer,
Kuchengitter

siehe Bild Seite 25

ca. 50 Stück
Elektro-Herd 180–200 °C | Gas-Herd Stufe 2–3 | Umluft-Herd 150–170 °C
Backzeit: 15–20 Minuten

Die Butter in einem Töpfchen langsam erhitzen und leicht bräunen. Nach kurzem Abkühlen schaumig schlagen. Den Zucker, den Vanillezucker und das mit Backpulver vermischte Mehl unterrühren. Den Teig gut durchkneten. Dann den Teig in zwei Hälften teilen. In die eine Hälfte die geriebene Schokolade einkneten und diese Hälfte auf einem mit etwas Mehl bestäubten Backbrett zu einer dünnen Platte ausrollen. Die andere Hälfte des Teigs zu einer Rolle formen. Nun die helle Teigrolle mit dem Schokoladenteig umwickeln. Oder den hellen Teig dünn ausrollen und den dunklen zu einer Rolle formen, die dann umwickelt wird. Den Elektrobackofen auf 180–200 °C vorheizen.
Den Teig für 5–10 Minuten mit Klarsichtfolie eingewickelt in den Kühlschrank stellen. Mit einem scharfen Messer etwa fingerdicke Scheiben davon abschneiden und diese auf ein mit Backpapier belegtes Blech setzen und auf der mittleren Schiene des Backofens hellgelb backen. Das Blech mit Topfhandschuhen aus dem Backofen nehmen und die Plätzchen mit Hilfe eines breiten Messers oder Backspatel vom Blech nehmen und zum Abkühlen auf ein Kuchengitter setzen.

Aufbewahren:

Die Plätzchen in eine Blechdose füllen, zwischen die einzelnen Lagen Alufolie oder Pergamentpapier legen.

Bretonische Butterkekse

Ca. 30–40 Stück
Elektro-Herd 180 °C | Gas-Herd Stufe 2 | Umluft-Herd 150 °C
Backzeit: ca. 15 Minuten

250 g Mehl, 150 g Zucker,
½ P. Backpulver,
200 g gesalzene Butter,
1 Ei, 1 EL Milch

Zum Bestreichen:
1 verquirltes Eigelb/Dotter

Arbeitsgeräte und Utensilien:
1 Backschüssel, 1 kleines Messer, evtl. 1 elektrisches Handrührgerät mit Knethaken, 1 Backbrett, 1 Wellholz/Kuchenrolle, runde Ausstechform, 1 kleine Gabel, 1 Tasse, 1 Backblech, Backpapier, Topflappen, 1 breites Messer oder Backspatel, Kuchengitter

Mehl, Zucker und Backpulver in eine Schüssel geben und gut miteinander vermischen. Von der Butter kleine Stückchen schneiden und zusammen mit dem aufgeschlagenen Ei und der Milch zur Mehlmischung geben. Alles mit den Händen oder mit dem elektrischen Handrührgerät sehr gut verkneten. Die Teigschüssel mit einem Tuch bedecken und für etwa 30 Minuten in den Kühlschrank stellen.
Den Elektro-Backofen auf 180 °C vorheizen.
Ein Backbrett leicht mit Mehl bestäuben – auch das Wellholz/Kuchenrolle mit etwas Mehl bestäuben –, und den Teig ungefähr einen Zentimeter dick ausrollen. Mit einem kleinen Glas oder einer Ausstechform runde Plätzchen ausstechen und auf das vorbereitete Backblech legen. Restliche Plätzchen auf dem Backbrett liegen lassen und bei einem zweiten Backdurchgang backen. Mit Hilfe einer Gabel Rillen oder andere Muster auf der Oberfläche der Plätzchen einritzen. Das Eigelb in einer Tasse verquirlen und die Kekse damit bestreichen.
Das Blech auf der mittleren Schiene in den Ofen schieben und die Kekse goldgelb backen. Das Blech mit Topflappen aus dem Backofen holen, die Plätzchen mit einem breiten Messer oder Backspatel vom Blech nehmen und auf ein Kuchengitter zum Abkühlen legen.

Aufbewahren:
In gut verschließbaren Blechdosen bleiben die Plätzchen knusprig.

Klein und fein

Aprikosenkugeln
Marillenkugeln

250 g Marzipan-Rohmasse,
90 g Puderzucker,
evtl. 1 Eiweiss,
100 g getrocknete Aprikosen,
2 EL Aprikosengeist (Marillengeist)

Zum Wälzen:
1 kleines Eiweiss,
gehackte Mandeln und gehackte Pistazien

ca. 50–60 Stück

Die Marzipan-Rohmasse mit Puderzucker (und evtl. dem Eiweiß) verkneten, bis eine geschmeidige Masse entsteht. Die Aprikosen (auf beste Qualität achten!) erst in Streifen schneiden, dann fein hacken und mit dem Schnaps beträufeln. Die Aprikosenstückchen unter den Marzipanteig kneten, kleine Kugeln daraus formen. Eiweiß mit einer Gabel leicht schlagen, Mandeln und Pistazien zugeben und in dieser Mischung die Kugeln wälzen. Die Kugeln in weiße oder farbige Pralinenkapseln setzen und etwa zwölf Stunden (z. B. über Nacht) trocknen lassen.

Bild rechts im Uhrzeigersinn: Cognac-Praline, Aprikosenkugel mit Pistazienmantel, Evas Bethmännchen
unten links: Aprikosenkugel in Mandelsplittern gewälzt

Marzipan-Kartoffeln

500 g Marzipan-Rohmasse (vgl. Seite 12),
250 g Puderzucker,
evtl. 1 Eiweiss,
dunkler Kakao zum Wälzen

Die Marzipan-Rohmasse mit dem Puderzucker und evtl. dem Eiweiß (dadurch wird die Masse besser formbar) zu einem geschmeidigen Teig verkneten. Den Marzipanteig in Portionen teilen, kleine Mengen davon abnehmen und mit feuchten Händen kleine Kugeln rollen. Diese in Kakao wälzen und auf Zahnstocher gespießt (in eine Styroporplatte oder ähnliches gesteckt) trocknen lassen. Dann die Marzipan-Kartoffeln mit der charakteristischen Kartoffel-Einkerbung versehen und in Cellophantütchen oder in kleine Spankörbe oder Säckchen verpacken. Ein hübsches Mitbringsel zum Adventskaffee oder für den weihnachtlichen Plätzchenteller.

Varianten:

Marzipan-Gebäck: Marzipanteig zu kleinen Laiben formen oder zu dünnen langen Würstchen drehen, aus denen kleine Brezeln oder Zöpfe entstehen können. Das Marzipangebäck auf ein Backblech legen und die Oberfläche unter dem Backofengrill rasch bräunen.
Evtl. noch warm mit dunklem Kakao überstäuben.

Cognac-Pralinen

ca. 60–65 Stück

Die Pflaumen über Nacht in Cognac einlegen. Am nächsten Tag in einem Sieb abtropfen lassen, die Flüssigkeit nicht wegschütten! Für die Füllung die Butter mit dem Puderzucker, den gehackten Nüssen und etwas Abtropfflüssigkeit verrühren. Sollte sie zu flüssig sein, noch etwas Puderzucker zugeben. Die Füllung in die Kernöffnung der Pflaumen drücken. Die Marzipan-Rohmasse mit Puderzucker verkneten, den Marzipanteig sehr dünn ausrollen und mit einem runden Förmchen Taler von ca. 7 cm Durchmesser ausstechen. Die gefüllten Pflaumen auf die Marzipantaler legen, das Marzipan rundum fest andrücken oder die Marzipanenden über den Pflaumen zusammendrücken. Die Pralinen einige Stunden trocknen lassen.
Dann die Kuvertüre im Wasserbad erwärmen (siehe Seite 9) und jede Pflaume mit Hilfe einer Gabel (es gibt auch spezielle Konfektgabeln) in die Kuvertüre tauchen. Zuviel Kuvertüre abstreifen oder abtropfen lassen und das Konfekt auf gefettete Alufolie legen. Wenn die Kuvertüre halb angetrocknet ist, die Pralinen leicht mit dunklem Kakaopulver bestäuben.

Verschenk-Tipp:
Die Pflaumen in eine mit Alufolie ausgelegte flache Schachtel legen, zwischen die einzelnen Früchte zerknüllte Folie stecken.

Variante:
Anstatt in Cognac die Pflaumen in Armagnac oder Whisky einlegen.

2 Tüten Trockenpflaumen ohne Stein,
4 cl Cognac

Füllung:
2 EL weiche Butter,
20 g Puderzucker,
20–30 g leicht angeröstete, gehackte Haselnüsse,
etwas Abtropfflüssigkeit von den Pflaumen,
150–170 g Marzipan-Rohmasse,
50–60 g Puderzucker

Zum Überziehen:
300 g bittere Kuvertüre

Zum Überstäuben:
dunkler Kakao

siehe Bild Seite 61

Quittenpaste

1 kg reife Quitten (sie müssen »Quittengelb« sein),
500–750 g Zucker

Glasur:
Zitronenglasur (Seite 83)
oder
zum Wälzen:
grobkörniger Kristallzucker/Hagelzucker

Ca. 50 Stück

Die reifen Quitten in wenig Wasser weich kochen, anschließend schälen und durch ein Sieb passieren oder auf der groben Reibe raspeln.
Zu 500 g Quittenmark 500 g Zucker geben und solange kochen, bis die Masse dickbreiig ist. Ein tiefes Backblech mit Backpapier belegen, die Paste mit Hilfe eines feuchten Spatels aufstreichen und 1–2 Tage trocknen lassen.
Dann die Quittenpaste entweder in kleine Quadrate oder Rauten schneiden oder kleine Plätzchen ausstechen, in grobkörnigem Zucker wälzen oder mit einer Zitronenglasur überziehen.
Soll die Farbe der Quittenpaste verstärkt werden, so kann die noch heiße Quittenmasse mit etwas dickem rotem Gelee nachgefärbt werden.
Quittenpaste wird in manchen Gegenden auch Quittenspeck genannt.

Aufbewahren:
In Blechdosen mit Zwischenlagen von Pergamentpapier.

Gefüllte Datteln
im Karamellmantel

Ca. 50 Stück

250 g Datteln,
200 g ungesalzene Pistazien,
150 g Puderzucker,
1 EL Wasser,
ca. 5 Tropfen Bittermandelaroma,
1 EL Pflanzenöl,
250 g feiner Zucker

Die Datteln vorsichtig der Länge nach aufschneiden, aber nicht durchschneiden, und die Kerne herauslösen. Dann die Pistazien am besten mit Hilfe einer Küchenmaschine fein mahlen und mit Puderzucker, Wasser und Bittermandelaroma verkneten. Kleine Röllchen ungefähr doppelt so groß wie den Dattelkern formen und jeweils in die Datteln füllen. Im erhitzten Öl den Zucker vorsichtig schmelzen, leicht karamellisieren lassen, den Topf von der Kochstelle nehmen und die gefüllten Datteln im karamellisierten Zucker wenden. Alufolie oder Pergamentpapier leicht einfetten und die Datteln darauf erkalten lassen.

Verschenk-Tipp:
Die Datteln in farbigen Pralinenkapseln in eine flache Schachtel mit Klarsichtdeckel (gibt es in Bastelläden) legen und die Schachtel mit bunten Bändern und Tannenzweig dekorieren.

Pinienkern-Bällchen

250 g feiner Zucker,
Saft und abgeriebene
Schale von 1 kleinen
Naturzitrone,
250 g Pinienkerne,
150 g gemahlene Mandeln

ca. 35 Stück

In einem Kochtopf mit dickem Boden den Zucker mit dem Zitronensaft vermischen und unter ständigem Rühren mit einem Holzlöffel den Zucker schmelzen. Wenn er leicht karamellfarben gebräunt ist, rasch die Zitronenschale, die Pinienkerne und die gemahlenen Mandeln unterziehen.
Den Kochtopf von der Herdplatte nehmen und mit einem Teelöffel kleine Häufchen abstechen. Diese auf ein mit Alufolie oder Backpapier belegtes Blech setzen. Sobald die Häufchen genügend abgekühlt sind, mit leicht befeuchteten Händen etwa walnussgroße Bällchen formen und abkühlen lassen. Anschließend in Pralinenkapseln legen.

Dieses Rezept stammt aus Andalusien, wo es unter dem Namen »croquetas de piñones« bekannt ist.

Bild rechts im Uhrzeigersinn:
Schokoladenbonbon, Pinienkernbällchen,
Mokkatrüffel

Mokkatrüffel

250 g Puderzucker,
2 sehr frische
Eigelb/Dotter,
1 EL löslicher Kaffee
(Instant) oder staubfein
gemahlenes Kaffee-
pulver (Arabica),
250 g frische
weiche Süssrahmbutter

Zum Wälzen:
100 g Schokoladen-
streusel oder Schoko-
späne aus dunkler
Kuvertüre

siehe Bild Seite 67

ca. 35–40 Stück

Den Puderzucker mit den Eigelb und dem Kaffeepulver zu einer glatten Masse verrühren und dann die Butter in kleinen Portionen dazu geben. Wenn sich alles gut vermischt hat, mit Hilfe von zwei Teelöffeln kleine Kugeln formen, anschließend in Schokoladenstreuseln oder Schokospänen wälzen. Die Kugeln in Pralinenkapseln legen und im Kühlschrank fest werden lassen.

Verschenk-Tipp:
Die Trüffeln in farbigen Pralinenkapseln sternförmig in eine flache, mit Tannengrün ausgelegte Glasschale setzen.

Schokoladenbonbons
Schokoladenwurst

Das Eiweiß mit etwas Salz zu Schnee schlagen und mit den anderen Zutaten ohne Marzipan und Puderzucker in einer Rührschüssel vorsichtig vermischen. Ein Backbrett mit Zucker bestreuen und darauf aus der Schokoladenmasse eine große Wurst oder mehrere kleine Würstchen formen. Diese fest mit Pergamentpapier umwickeln und 1–2 Tage trocknen lassen.
Dann das Papier entfernen und die Wurst (Würste) mit einer dünn ausgerollten Platte des mit Puderzucker verkneteten Marzipans umhüllen. Die Wurst (Würste) mit Cellophanpapier umwickeln und die Enden mit bunter Schnur oder farbigen Bändern zuschnüren. Oder die Wurst in Scheiben schneiden und diese Schokoladenbonbons dann mit Cellophanpapier einzeln verpacken.

1 Eiweiss, 1 Prise Salz,
125 g Zucker,
125 g geschälte, geriebene Mandeln,
65 g geschälte, gehackte Mandeln,
250 g Halbbitter-Schokolade, gerieben,
150 g dickes rotes Johannisbeergelee,
125 g Marzipan-Rohmasse,
3 EL Puderzucker

siehe Bild Seite 67

Rumtrüffel

150 g Zartbitter-
schokolade, 70 g Butter,
2–3 EL Rum, 54%
50 g dunkler Kakao,
Schokoladenraspel

zu 1/3 der Masse 40 g in
Rum eingelegte Rosinen

ca. 30–35 Stück

Die Schokolade in den Kühlschrank legen, damit sie hart wird. Anschließend auf einer Reibe mit feiner Lochung in die weiche Butter reiben. Rum und Kakao dazugeben und die Masse leicht verkneten. Ein Drittel der Masse mit den Rumrosinen vermischen. Aus beiden Trüffelmassen kleine Kugeln formen und in den Schokoladenraspeln wälzen. Die Trüffeln über Nacht kühl stellen, damit sie fest werden. Dann in Pralinenkapseln in einem Glaspokal verschenken – oder selbst essen.

Variante:

Die Trüffeln einzeln auf einer Platte über Nacht im Kühlschrank hart werden lassen. Dann weiße Schokolade oder weiße Kuvertüre im Wasserbad schmelzen, die Trüffeln einzeln auf Zahnstocher oder Konfektgabeln spießen und rasch durch die flüssige Schokolade ziehen – das ergibt eine unregelmäßige Oberfläche. Die Spieße auf große Kartoffeln stecken und trocknen lassen – so bekommen sie keine Druckstellen.

Das schmeckt zum Festkaffee

Stollen, Früchtebrot, Kuchen und Torten

Tipps zum Stollenbacken und für die Aufbewahrung

Der Stollen gehört zu Weihnachten wie der festlich geschmückte Weihnachtsbaum. Er ist ein traditionelles Gebäck, dessen Wickeltechnik angelehnt ist an das in Windeln gewickelte Jesuskind.

Christstollen sowie Mandel- und Marzipanstollen können schon einige Wochen vor den Feiertagen gebacken werden. Die Stollen einfrieren oder an einem kühlen Platz, z. B. im Keller oder in einem ungeheizten Raum in Cellophanpapier eingeschlagen kühl aufbewahren.

So kann der (oder die) Stollen in Ruhe sein Aroma entfalten und es bleibt Zeit, für andere Festvorbereitungen.

Genügend Zeit zum Stollen backen einplanen! Es empfiehlt sich den Vorteig mit einem Teil des Mehls vermischt über Nacht, abgedeckt und nicht zu warm gehen zu lassen. Dann wird weniger Hefe benötigt, da die Hefepilze mehr Zeit haben sich zu entwickeln (Hefeteigtipps auf Seite 8).

Sollte der Stollenteig einmal zu weich geraten sein, dem Stollen eine Manschette aus doppelt gefalzter Alufolie umlegen – das gibt ihm Halt und er kann nicht breitlaufen beim Backen!

Wird der Stollen nach dem Backen mit zerlassener Butter bestrichen und mehrmals dick mit Puderzucker oder Puderzucker-Sandzucker-Gemisch bestreut, so übernimmt der Zucker die Aufgabe des Konservierens.

Quarkstollen und auch Mohnstollen eignen sich nicht zu längerer Lagerung, sie müssen rasch gegessen werden.

Mohnstollen
nach Oma Herzele

400 g Mehl, Type 405 oder
340 g Mehl, Type 405 und
60 g Mehl Type 1050,
ca. 1/8 l lauwarme Milch,
1 Tütchen Hefe oder
1/2 Würfel Frischhefe,
50 g Zucker, 50 g Butter,
1 Prise Salz, 1 Ei

Füllung:
250 g gemahlener Mohn,
1/8 l Milch, 100 g Zucker,
60 g zerlassene Butter,
1 Prise Zimt,
30 g Orangeat oder
abgeriebene Schale
von 1 Naturorange
(nach Geschmack),
125 g Rumrosinen,
80 g gehackte Haselnüsse
oder Mandeln, 1 Ei

etwas Milch zum Bestreichen

Glasur:
100 g Puderzucker,
1–2 EL Rum,
1–2 EL Zitronensaft

Aufbewahren: Siehe Seite 71

Elektro-Herd zuerst 175 °C, dann 150 °C | Gas-Herd Stufe 2, dann Stufe 1–2 | Umluft-Herd erst 150 °C, dann 130 °C
Backzeit: zuerst 30 Minuten, dann bei reduzierter Hitze noch ca. 15–25 Minuten; die Stäbchenprobe machen.

Den Hefeteig wie für den Hefemann Seite 44 herstellen. Den Vorteig und anschließend die Teigkugel gehen lassen. Während der Teig geht, die Füllung zubereiten: Den Mohn mit kochender Milch überbrühen und zu einem Brei verrühren. Die Masse mit der zerlassenen Butter und allen übrigen Zutaten vermischen – sie sollte eine geschmeidige Konsistenz haben.
Den Hefeteig ca. 1/2 cm dick auf Backpapier zu einem Rechteck ausrollen, zu einem Ende hin etwas dünner. Mit etwas Milch bestreichen und mit Hilfe eines feuchten Backspatels die Mohnfüllung gleichmäßig darauf verteilen. Den Mohnstollen von beiden Seiten her einrollen und mit dem Backpapier in ein tiefes Kuchenblech oder in eine gefettete Brotbackform aus Hartkeramik legen. Oder eine Art Hufeisen formen, auf das Blech legen und nochmals gehen lassen. Die Teigenden nach unten einschlagen und fest andrücken, damit die Füllung nicht herausquillt. Den Mohnstollen im vorgeheizten Backofen auf der mittleren Schiene zuerst 30 Minuten bei höherer Temperatur anbacken, dann die Hitze reduzieren. Eventuell den Stollen mit Alufolie abdecken, damit er nicht zu dunkel wird. Die Glasur anrühren und den Mohnstollen noch warm glasieren.

Hinweis:

Manchmal reißt der Stollen an den Nahtstellen etwas auf. Das beeinträchtigt den Geschmack jedoch nicht.

Tipp:

Wer sich die Zeit für die Zubereitung der Mohnfüllung sparen möchte kann auf 2 Packungen »Mohnfix« zurückgreifen.

Christstollen
Sächsische Art

1 kg Mehl, 1 Würfel Frischhefe oder 2 P. Trockenbackhefe, 3/8 – 1/2 l Milch, 200 g Zucker, 300 g Butter, 1 TL Salz, abgeriebene Schale von 1/2 Naturzitrone, 1 EL Rum, 250 g Sultaninen, 250 g Korinthen, 125 g geschälte geriebene Mandeln, einige fein gewiegte bittere Mandeln, 100 g fein gewiegtes Zitronat

Zum Bestreichen:
50 g weiche Butter

Zum Bestreuen:
Puderzucker

Aufbewahren:
Den Stollen in Cellophanpapier eingeschlagen an einem kühlen Ort bis zu 4 Wochen aufbewahren.

Elektro-Herd 175–200 °C | Gas-Herd Stufe 2–3 | Umluft-Herd 150–170 °C
Backzeit: ca. 75–90 Minuten, die Stäbchenprobe machen, evtl. den Stollen nach 60 Minuten mit Alufolie abdecken.

Am Vorabend die Hefe in 1/8 l lauwarmer Milch auflösen und 4 Teelöffel Zucker und soviel Mehl zufügen, bis ein weicher Teig entsteht. Den Vorteig zudecken und über Nacht an einen warmen zugfreien Ort stellen. Am nächsten Tag mit den übrigen leicht erwärmten Zutaten mischen und einen festen Teig daraus kneten. Den Teig zudecken und zu doppelter Größe aufgehen lassen.
Auf einem mit Mehl bestäubten Backbrett den Teigkloß zu einem länglichen flachen Laib formen, mit dem Wellholz (Kuchenrolle) eine tiefe Rille in die Mitte eindrücken und dann die eine Hälfte über die andere schlagen, jedoch so, dass der untere Teil zu etwa 1/3 übersteht.
Den Stollen auf ein mit Butter gefettetes Backblech legen und noch einmal 30 Minuten gehen lassen. Dann mit Butter bestreichen und im vorgeheizten Backofen auf der mittleren Schiene nicht zu dunkel backen.
Den heißen Stollen mehrmals mit zerlassener Butter bepinseln und dick mit Puderzucker bestreuen.

Anmerkung:
Der Stollen wurde in Sachsen früher häufig ohne Butter zubereitet. Als Fett wurde stattdessen ausgelassener Rindertalg, Schmalz oder auch Nierenfett verwendet. Auch heute noch ist eine Mischung aus Butter, Schmalz und/oder Rindertalg durchaus üblich.

Muttis Mandelstollen

2 kleine Stollen
Elektro-Herd 175–200 °C | Gas-Herd Stufe 2–3 |
Umluft-Herd 150–170 °C
Backzeit: ca. 60–70 Minuten, die Stäbchenprobe machen.

1 kg Mehl, 1 Würfel Frischhefe oder 2 P. Trockenbackhefe,
1/4 – 3/8 l lauwarme Milch,
200 g Zucker, 250 g Butter,
1 TL Salz,
200 g geschälte gemahlene Mandeln,
200 g geschälte gehackte Mandeln,
2 Tropfen Bittermandelaroma mit 1 EL Rum gemischt

Zum Bestreichen:
80 g zerlassene Butter,
evtl. etwas Apfelgelee, mit etwas heißem Wasser geschmeidig gerührt

Zum Bestreuen:
Puderzucker oder
50 g Mandelblättchen, leicht angeröstet

Nach dem Rezept *Christstollen, sächsische Art*, den Teig herstellen, gut gehen lassen und dann die Mandeln darunterkneten. Den Teig in zwei Portionen teilen und Stollen daraus formen. Die Stollen auf einem gut gefetteten Backblech (evtl. etwas gefalzte Alufolie zwischen die beiden Stollen legen) im vorgeheizten Backofen backen.
Die fertig gebackenen Stollen mit zerlassener Butter bestreichen und dick mit Puderzucker bestreuen. Oder Mandelblättchen in einer beschichteten Pfanne ohne Fett leicht anrösten; den Stollen erst mit zerlassener Butter und dann ganz dünn mit Apfelgelee bestreichen und darauf die Mandelblättchen streuen.

Aufbewahren:
Ca. vier Wochen in Cellophanpapier eingeschlagen an einem kühlen Ort aufbewahren.

Reginas Marzipanstollen

Teig wie Rezept Mandelstollen, Seite 75

Füllung:
400 g Marzipan-Rohmasse, 2 Eiweiss

Zum Bestreichen:
80 g zerlassene Butter

Zum Bestreuen:
Puderzucker, vermischt mit Sandzucker

2 Stollen
Elektro-Herd 175–200 °C | Gas-Herd Stufe 2–3 | Umluft-Herd 150–170 °C
Backzeit: ca. 60–70 Minuten, die Stäbchenprobe machen.

Den Teig wie im Rezept für Mandelstollen (siehe Seite 75) beschrieben herstellen. Das Marzipan mit den Eiweiß verkneten und ca. ½ cm dick ausrollen. Das Wellholz in die zwei Stollen drücken, sodass in der Mitte eine Vertiefung entsteht und die Marzipanmasse je zur Hälfte darauflegen. Eine Längsseite über die andere schlagen, wobei ein kleiner Rand noch stehen bleiben sollte. Mit dem Wellholz nochmals von den Seiten her die Stollen gut andrücken, dann auf ein gefettetes Backblech legen.
Zwischen die Stollen ein Stück gefalzte Alufolie oder Pergamentpapier legen, noch ca. 30 Minuten gehen lassen und dann im vorgeheizten Backofen backen.
Die fertig gebackenen Stollen dünn mit Butter bestreichen, das Zuckergemisch darüberstreuen, anziehen lassen, erneut mit Butter bestreichen, zuckern usw., bis eine dicke Kruste entstanden ist.

Aufbewahren:
siehe Seite 71.

Quarkstollen

1 Brotbackform aus Hartkeramik, darin behält der Stollen seine Form!
Elektro-Herd 150–175 °C | Gas-Herd Stufe 2–3 | Umluft-Herd 130–150 °C
Backzeit: ca. 60 Minuten, die Stäbchenprobe machen.

Das Mehl mit Backpulver vermischen, auf ein Backbrett häufen und eine Mulde in die Mitte drücken. Da hinein den Zucker, die Eier, die Gewürze und die weiche Butter geben. Den Quark durch ein Mulltuch drücken und gut abtropfen lassen (er soll trocken sein), zugeben und alles zu einem glatten Teig verarbeiten. Sollte der Teig zu klebrig sein, noch etwas Mehl zugeben. Dann das Zitronat, Zitronenschalenabrieb, die Rum-Rosinen (Rosinen über Nacht in Rum legen) und die gehackten Mandeln unterkneten. Einen Stollen formen (wie auf Seite 74 beschrieben), auf ein gut gefettetes Blech oder in eine gefettete Backkeramikform legen und im vorgeheizten Backofen auf der mittleren Schiene ausbacken.
Den ofenwarmen Stollen mit zerlassener Butter bestreichen und mit Puderzucker-Vanillezucker-Gemisch bestreuen.
Der Quarkstollen ist nur begrenzt haltbar – siehe Seite 71.

Tipp:
In italienischen Lebensmittelgeschäften gibt es Ricotta – das ist eine milde und trockene Form von Quark. Er eignet sich ebenso gut für Quarkstollen wie Schichtkäse.

**350 g Mehl, ½ P. Backpulver,
80 g Zucker, 1–2 Eier oder
1 ganzes Ei und 1 Eigelb/Dotter,
1 Prise Salz,
1 Prise gemahlener Piment,
1 Prise Muskatblüte (Macis),
½ TL Zimtpulver,
½ TL gemahlene Nelken,
1 Prise gemahlener Kardamom,
1 P. Vanillezucker oder Mark von einer ½ Vanillestange,
100 g weiche Butter,
250 g trockener Quark 40 % (Topfen), 1 EL fein gehacktes Zitronat,
Schalenabrieb von ½ Naturzitrone
100 g Rum-Rosinen,
100 g gehackte Mandeln**

Zum Bestreichen:
50 g zerlassene Butter

Zum Bestreuen:
Puderzucker, vermischt mit Vanillezucker

Schnitz- oder Hutzelbrot

2 Laibe
Elektro-Herd 180 °C | Gas-Herd Stufe 3 | Umluft-Herd 150–160 °C
Backzeit: ca. 50–60 Minuten; evtl. nach 45 Minuten mit Alufolie abdecken, damit die Nüsse nicht verbrennen.

500 g getrocknete Birnenschnitze, oder halb Birnen-/halb Apfelschnitze,
500 g getrocknete Zwetschgen (ohne Kern),
einige Trockenaprikosen,
Obstler oder Williams zum Beträufeln

Teig:
600 g Roggenmehl, Type 1150,
150 g Weizenmehl, Type 1050,
1 Würfel Frischhefe,
ca. ½ l lauwarmes Wasser,
1 TL Zucker,
1 Beutel Natur-Sauerteig (aus dem Reformhaus oder Naturkostladen),
2 TL Salz,
1 TL Anissamen,
1 TL Zimtpulver,
½ TL gemahlene Nelken,
200 g ungeschälte Haselnusskerne, geviertelt oder grob gehackt

Zum Verzieren:
ganze abgezogene Mandeln,
Haselnüsse,
Walnuss-/Baumnuss-Hälften

Glasur:
¼ l Schnitzbrühe,
1 EL Speisestärke,
2–3 EL feiner Zucker

Die Trockenfrüchte über Nacht in genügend Wasser einweichen. Am nächsten Tag in einem Sieb abtropfen lassen, die Flüssigkeit auffangen und ¼ l davon beiseite stellen. Die Früchte in feine Streifen schneiden und mit Schnaps beträufeln.
Die Mehlsorten in einer großen Backschüssel (eine Handvoll Mehl zurückbehalten) vermischen, eine Mulde in die Mitte drücken und die in etwas lauwarmem Wasser aufgelöste Hefe mit Zucker hineingeben. Den Vorteig ca. 15 Minuten gehen lassen, dann den handwarm erwärmten Sauerteig (den Beutel im Wasserbad erwärmen), das restliche Wasser, Salz und die übrigen Gewürze zugeben und alles zusammenkneten. Die zurückbehaltene Handvoll Mehl mit den Trockenfrüchten vermischen und diese zusammen mit den geviertelten Haselnüssen in den Teig einarbeiten. Die Teigmasse mit Mehl bestäuben, zudecken und in Ruhe (ca. 2–3 Stunden) gehen lassen.
Dann erneut gut durchkneten und zwei Laibe daraus formen, diese auf ein gefettetes Backblech legen, nach Lust und Laune mit den Nusskernen verzieren und die Laibe erneut ruhen lassen. Die Schnitzbrote im vorgeheizten Backofen, in den eine Tasse Wasser gestellt wurde, auf der mittleren Schiene backen.
Die Schnitzbrühe mit der kalt angerührten Speisestärke und dem Zucker aufkochen, gut durchrühren und die noch warmen Schnitzbrote damit glasieren.

Aufbewahren:

Mit Beginn der Adventszeit sollte auch das Schnitzbrot gebacken werden, denn je länger es durchziehen kann, desto saftiger und aromatischer schmeckt es. In Alufolie oder Pergamentpapier einschlagen und an einem kühlen Ort aufbewahren.

Mit Butter bestrichen schmecken Schnitzbrotscheiben »himmlisch«.

Safran-Zopf

2 Tütchen Safranfäden (10 g, siehe Seite 14),
etwas heiße Milch zum Auflösen, 1 kg Mehl,
1/4–3/8 l lauwarme Milch,
1 Würfel Frischhefe oder 2 P. Trockenbackhefe,
100 g Zucker,
200 g weiche Butter,
1/2 TL Salz, 2–3 Eier,
abgeriebene Schale von 1 Naturzitrone,
250 g geschälte, gehackte Mandeln,
100 g fein geschnittenes Zitronat, 100 g Rosinen, über Nacht in Rum eingelegt,
1 TL Anissamen

Zum Bestreichen:
1–2 Eigelb/Dotter, verquirlt

Zum Bestreuen:
50 g Mandelblättchen

Elektro-Herd 180–200 °C | Gas-Herd Stufe 3 | Umluft-Herd 150–170 °C
Backzeit: 50–60 Minuten, die Stäbchenprobe machen.

Die Safranfäden in etwas heißer Milch auflösen und handwarm abkühlen lassen.
Das Mehl auf ein Backbrett schütten, in die Mitte eine Mulde drücken und den aus lauwarmer Milch, zerbröckelter Hefe und etwas Zucker angerührten Vorteig hineinfüllen. Die weiche Butter in Flöckchen auf den Rand setzen und das Salz darüberstreuen. Den Vorteig leicht mit Mehl bestäuben und ca. 15 Minuten gehen lassen (bis die Mehldecke aufreißt). Den restlichen Zucker, die Eier und die Zitronenschale zugeben und den Teig gut durchkneten. Dann die übrigen Zutaten unterarbeiten und den Teig zu einem Ball formen. In eine leicht angewärmte Schüssel legen, mit einem Tuch bedecken und gehen lassen, bis der Teig an Volumen zugenommen hat.
Die Teigmasse in drei Stücke teilen, diese zu Strängen rollen und einen Zopf daraus flechten. Ein Blech fetten, den Zopf darauflegen, mit Eigelb bestreichen und mit Mandelblättchen bestreuen. Im vorgeheizten Backofen auf mittlerer Schiene zu schöner Farbe backen.

Aufbewahren:

Am besten schmeckt der Safranzopf frisch; er kann aber auch eingefroren werden und schmeckt dann zum Adventsfrühstück mit Butter und einer guten Konfitüre.

Bûche de Noël

Biskuitrolle zu Weihnachten
Elektro-Herd 200–225 °C | Gas-Herd Stufe 3–4 | Umluft-Herd 150–160 °C
Backzeit: 10–12 Minuten

6 Eier, getrennt,
120 g Zucker,
Mark von ½ Vanillestange,
1 Prise Salz, 60 g Mehl,
60 g Speisestärke

Mokkacreme:
200 g Butter,
150 g Puderzucker,
1 P. Vanillezucker,
2–3 Eigelb/Dotter,
je nach Grösse,
50 g Kokosfett,
4 TL sehr fein gemahlenes
Kaffeepulver, etwas
Mokkalikör (nach Geschmack)

Kakaocreme:
200 g Butter,
125 g Puderzucker,
½ P. Vanillezucker,
2–3 Eigelb/Dotter,
je nach Grösse,
50 g Kokosfett,
50 g dunkler Kakao

Eventuell eine Platte aus
Mürbeteig, etwas grösser
als die Biskuitrolle

Die Eigelb mit Zucker und Vanille solange über Dampf oder im Wasserbad schlagen, bis die Masse locker und schaumig ist. Unter Rühren etwas abkühlen lassen. Dann nach und nach Mehl und Speisestärke unterrühren. Die Eiweiß mit etwas Salz steifschlagen und vorsichtig unter die Eigelbmasse ziehen. Den Teig auf ein mit Backpapier ausgelegtes Blech streichen und den Biskuit im vorgeheizten Backofen zu hellgelber Farbe backen.
Die fertige Biskuitplatte auf ein mit Zucker bestreutes Tuch stürzen, das Backpapier ablösen und den Biskuit später mit Hilfe des Tuchs aufrollen.
Für die Mokkacreme: Die weiche Butter mit dem Puderzucker schaumig rühren, unter ständigem Rühren Vanillezucker, Eigelb und das weiche Kokosfett zugeben, das Kaffeepulver in etwas warmem Wasser oder Mokkalikör anrühren und alles zusammenmischen.
Für die Kakaocreme alle Zutaten gut verrühren und zuletzt das Kakaopulver zugeben.
Den Biskuit mit der Mokkacreme bestreichen und vorsichtig aufrollen. Die Enden schräg abschneiden und daraus Astansätze formen, die an den Stamm »geklebt« werden. (Um ihnen einen besseren Halt zu geben, kann man in den äußersten Ring der Rolle passende Löcher schneiden.) Den »Baumstamm« mit der dunklen Kakaocreme überziehen und mit einer Gabel die »Rinde« aufzeichnen und mit Kakaopulver überstäuben.

Dekotipp:

Den »Baumstamm« auf einen »Waldboden« aus einer Mürbeteigplatte legen, die etwas größer als die Biskuitrolle ist und mit einem Teil der Kakaocreme bestrichen sowie mit gehackten Pistazienkernen und Kakaopulver bestreut wird.

Bûche de Noël

Dies & Das

Puderzuckerglasur
mit Variationen

Puderzucker in eine Schüssel sieben, glatt mit der Flüssigkeit verrühren und mit einem breiten Messer oder Spatel auf dem noch warmen Gebäck verstreichen.

200 g Puderzucker,
1–2 EL heisses Wasser

Variationen

Zitronen/Orangenglasur:
200 g Puderzucker und 2–3 EL Zitronensaft oder Orangensaft.

Punschglasur:
200 g Puderzucker und 2–3 EL Rum.

Likör-Glasur:
200 g Puderzucker und 2–3 EL Eierlikör.
200 g Puderzucker und 2–3 EL Grand Marnier.

Whisky-Glasur:
200 g Puderzucker und 2–3 EL Whisky.

Zimt-Glasur:
200 g Puderzucker, 1 EL Zimtpulver und 2 EL heisses Wasser.

Variationen

Vanilleglasur mit Rum

Den gesiebten Puderzucker solange mit Vanillezucker, Rum und heißem Wasser rühren, bis die Glasur dickflüssig und ohne Klümpchen ist.

200 g Puderzucker, 1 P. Vanillezucker, 2 EL Rum, ca. 2 EL heisses Wasser

Schokoladenglasur

Den Puderzucker mit dem Kakao vermischen, mit heißem Wasser glattrühren und dann das flüssige, aber nicht mehr heiße Kokosfett darunterrühren. Damit das kalte Gebäck glasieren, das durch das Kokosfett einen schönen Glanz bekommt.

200 g Puderzucker, 3 EL Kakao, ca. 3 EL heisses Wasser, 1 EL flüssiges Kokosfett

Schokoladenglasur mit Kuvertüre

Die Kuvertüre im Wasserbad auflösen (siehe Seite 9). Den Zucker mit Wasser aufkochen, in ca. 5 Minuten strudelnd zum dünnen Faden kochen, langsam unter die Kuvertüre mischen und die Glasur solange schlagen, bis sich eine Haut bildet. Während des Glasierens im Wasserbad stehen lassen, damit sie dickflüssig und warm bleibt.

90 g dunkle oder Vollmilch-Kuvertüre, 175 g feiner Zucker, 1/8 l Wasser

Mokka-Glasur

250 g Puderzucker, 2 EL lösliches Kaffeepulver, 2–4 EL heisses Wasser, evtl. 1 Eiweiss.

Den Puderzucker sieben und mit dem im heißen Wasser aufgelösten Kaffeepulver und evtl. dem Eiweiß glattrühren. Auf dem abgekühlten Gebäck verstreichen.

Variationen

Pink-Glasur

200 g Puderzucker,
etwas Zitronensaft,
3 EL Erdbeer-,
Himbeer- oder Kirschsirup

Den Puderzucker sieben, dickflüssig mit dem Sirup verrühren und die Glasur mit einem breiten Messer oder Spatel auf dem noch warmen Gebäck verteilen.

Eiweiss-Glasur

ca. 200 g Puderzucker,
1 ganz frisches Eiweiss

Den gesiebten Puderzucker glatt mit dem Eiweiß verrühren. Den dickflüssigen Guss mit einem breiten Messer oder Spatel über dem Gebäck verteilen. Diese Glasur kann mitgebacken werden.

Spritzglasur

ca. 150 g Puderzucker,
1 Eiweiss, 1 EL Zitronen- oder Orangensaft

Den gesiebten Puderzucker mit Eiweiß und Zitronensaft glatt rühren. Zum Färben können anstelle von Zitronensaft auch Himbeer- oder Erdbeersirup, Orangensaft oder farbige Liköre verwendet werden.
Mit der Spritzglasur können mit Hilfe eines Spritzsacks (Dressiersack, Tipp siehe Seite 14) mit der kleinsten Tülle oder Sterntülle Dekorationen wie Kringel, Sterne, Zahlen etc. auf das erkaltete, bereits glasierte Gebäck aufgebracht werden.

Schokoladenspritzglasur

150 g Puderzucker,
1 frisches Eiweiss,
1 EL Zitronensaft,
60 g flüssige Schokolade (Geschmacksrichtung nach Wahl) oder
2 EL dunkler Kakao

Den gesiebten Puderzucker mit Eiweiß und Zitronensaft glattrühren und erwärmte Schokolade oder Kakao darunterrühren. Auf dem glasierten, abgekühlten Gebäck aufbringen.

SALZTEIG

Elektro-Herd 150–175 °C | Gas-Herd Stufe 2 | Umluft-Herd 150–160 °C
Backzeit: kleinere Figuren ca. 30 Minuten, größere
50 Minuten und länger.

1 KG MEHL,
1 KG FEINES SALZ,
1 L WASSER,
60 G TAPETENKLEISTER

Salzteig, nicht zum Verzehr bestimmt, eignet sich hervorragend zum Backen von Dekorationsgegenständen für die Advents- und Weihnachtszeit.
Alle Zutaten zu einer Teigmasse verarbeiten und gut durchkneten.
Vor der Weiterverarbeitung die Masse ca. 1 Stunde ruhen lassen.
Zum Modellieren werden Messer, Schere, Stricknadel, Zahnstocher, Kamm, Schablonen, Ausstechformen u. a. benötigt.
Zum Einfärben der Masse Instant-Kaffeepulver zum Wasser geben. Auch Speisefarben eignen sich.
Die Objekte können mit verschiedenen Körnern, Nelken, Zimtstangen, Sternanis, Nüssen, Mandeln etc. verziert werden.
Die fertigen Salzteigstücke können noch mit farblosem Lack übersprüht werden.

Gebäck von A bis Z

Über die Autorin

Monika Graff, geboren in Berlin, wuchs in Lindau / Bodensee auf und hat ein abgeschlossenes Studium der Innenarchitektur an der Kunstakademie in Stuttgart. Sie ist erfolgreiche Autorin zahlreicher Kochbücher, u. a. »Das große Backbuch in Farbe«, das eine Auflage von knapp 100.000 Exemplaren erreichte, und leitet das Lektorat des Hädecke Verlags. Vor Weihnachten herrscht in ihrer Küche Hochkonjunktur, denn die Familie und viele Freunde sind dankbare Abnehmer von Vanillekipferl und Spitzbuben, die auf der Zunge zergehen, und phantasievollem Weihnachtsgebäck, das von Großmüttern und Verwandten von Thüringen bis Wien überliefert wurde.

Weitere Bücher von Monika Graff sind im Hädecke Verlag erschienen. Ausführliche Informationen dazu sowie über das komplette Verlagsprogramm sind im Internet unter **www.haedecke-verlag.de** zu finden oder kostenlos anzufordern beim Walter Hädecke Verlag, Postfach 1203, 71256 Weil der Stadt bei Stuttgart (Deutschland).